U0110300

郝文強/編著

大拓

UNBELIEVABLE

不可思議的趣味心理遊戲。

你是否容易鑽牛角尖？你的死穴在哪裡？
你對自己的認識正確嗎？你的顧人怨指數有多少？
我是誰？我是怎樣的人？我適合怎樣的生活？
在這個充滿問號的世界裡，
讓我們一起做個有趣的心理遊戲來更了解自己吧！

輕鬆生活館：07

不可思議的趣味心理遊戲

編著◇郝文強

出 版 者◇大拓文化事業有限公司

執行編輯◇林美娟

社址◇221 台北縣汐止市大同路三段 194 號 9 樓之 1

TEL◇(02)86473663

FAX◇(02)86473660

總經銷◇永續圖書有限公司

劃撥帳號◇18669219

地址◇221 台北縣汐止市大同路三段 194 號 9 樓之 1

TEL◇(02)86473663

FAX◇(02)86473660

E-mail◇yungjiuh@ms45.hinet.net

網址◇www.foreverbooks.com.tw

法律顧問◇中天國際法律事務所涂成樞律師、周金成律師

出版日◇2010 年 09 月

不可思議的趣味心理遊戲／郝文強編著.--初版.--

-- 臺北縣汐止市：大拓文化, 民 99.09

面； 公分. --（輕鬆生活館：07）

ISBN◉978-986-6972-94-2 (平裝)

1. 心理測驗　　2. 人格測驗與評鑑

179.6　　99011078

前言

心理遊戲是一種比較先進的測試方法，它是指透過一系列手段，以遊戲、測試的狀態，在自然狀態下將人的某些心理特徵數量化，來衡量人的智力水平和個性方面差異的一種科學測試方法。心理遊戲由於其趣味性強、靈活性高、個性化突出、形象化逼真等特徵，起到了輔助和彌補團體心理諮詢中不足的作用，在解決諮詢者的問題時起到「四兩撥千斤」的效果，發揮畫龍點睛的作用。

但是，似乎很多人對心理遊戲的認識還很局限，僅僅認爲那是一種娛樂，一種打發時間的工具。其實不然，很多企業、個人用來短時間內評價自我、認識他人的有力方法。從一些簡單的做法、選擇中我們就可以瞭解到別人的真實想法，知道自己潛在的意識，給自己的未來開創一條燦爛的大道。

心理遊戲可以被看成一種診斷的方法，就像一個醫生把「體溫計」放到你的舌頭下測量你的體溫一樣，很多人會感覺很無助，甚至對此有點恐懼，但是當你瞭解了體溫計的原理以後，你在家裡也可以放心大膽地爲自己測量是不是發燒了。而心理測驗也是如此，如果你瞭解了心理測驗的原理和意義所在，那麼你就不會對心理測驗懷有神秘感和恐懼感。

心理測驗現在做得越來越精巧和嚴謹，但是心理測驗多數都是基於一種統計的假設，準確一點地說，大概對於80%左右的人可能是有價值的。不管你是在讀書的孩子還是初入社會的新手，又或者你是職場白領、管理幹部……

人格測試，對一個人人格傾向和個性心理特徵有一個全面的瞭解；心理健康狀況測試，反映被試者近期的心態，有無心理疾病症狀；氣質測試，瞭解神經系統類型、遺傳特徵和對外界反應的特點；智力測試，反映一個人的思維能力和創造能力；興趣測試，興趣愛好可反映一個人的潛能和預測發展前景；人際關係測試，瞭解被試人的交際能力、公關能力與合群性等。

當你遇上你心中的Mr right了，可是他是不是適合你呢？第一次和陌生人見面，你怎麼才能在最短的時間內瞭解別人的性情呢？最近情緒低下，一直萎靡不振，是不是自己患上憂鬱症了？自己的交際能力一直不行，這是爲什麼呢？

人在生活中其實有很多問題需要解決，越往高處問題也就越多，怎麼去解決？認真地瞭解這些心理遊戲和心理測驗，你就可以解開心裡的疑惑，避免不必要的麻煩。本書詳盡地爲你提供了全方位的心理測驗與遊戲，讓你輕輕鬆鬆地做完測試，瞭解問題的癥結所在。

CONTENTS

1. 點菜分辨你的性格…… 010
2. 左右手習慣手型看個性…… 012
3. 生活中看出你的性格…… 015
4. 發簡訊看出你的弱點…… 023
5. 從哭泣情況測你的性格…… 030
6. 深夜火災測試你的性格…… 034
7. 測測你依賴他人的程度…… 036
8. 從廢紙檢測你是否尊重女性…… 038
9. 你選擇了什麼顏色…… 041
10. 療傷音樂與你的性格 …… 046
11. 你擁有哪一種天賦才能 …… 049
12. 看看你是不是很瘋狂 …… 051
13. 在辦公室，你扮演什麼樣的角色 …… 053
14. 你是個成熟的人嗎？ …… 055
15. 你很會自我表現嗎？ …… 057

16. 你是否真的愛自己 …………………… 059
17. 你想要實現哪種科幻情景 ………………… 066
18. 解說你心目中許多重要事件的順位 ………… 068
19. 人格描繪 ……………………………… 069
20. 發現你的個性缺點 …………………… 070
21. 透過網路聊天判斷自己 ………………… 076
22. 什麼事情你最看不開 ………………… 078
23. 你平易近人的指數 …………………… 080
24. 你的幸運度 …………………………… 082
25. 你的死穴在哪裡 ……………………… 086
26. 你夠果斷嗎？ ………………………… 089
27. 你憂鬱程度為何 ……………………… 093
28. 用水果顏色測測你的人格 ……………… 096
29. 遊戲角色 ……………………………… 103
30. 隨意擺弄迴紋針 ……………………… 105

31. 猴子著地 …… 107
32. 理智程度測試 …… 109
33. 你是否對過去無法忘懷 …… 113
34. 你的暴躁指數 …… 115
35. 安全意識 …… 123
36. 破雨傘看爭吵後的情緒 …… 128
37. 男生外形大測試 …… 131
38. 你是什麼性格的人 …… 135
39. 妳將變成什麼樣的老太婆 …… 143
40. 你怎樣對待金錢？ …… 150
41. 你的金錢慾望有多強 …… 152
42. 錢為什麼老不夠用 …… 154
43. 你是哪種月光族 …… 156
44. 金錢焦慮指數 …… 160
45. 三年後你是富翁還是窮人 …… 165

46. 正確的金錢觀 …………………………… 167
47. 看你這一生有沒有富貴命 ………………… 170
48. 你是哪種億萬富翁 ………………………… 173
49. 你是個求安穩的人嗎？ …………………… 176
50. 沒有公車了，怎麼辦 ……………………… 182
51. 為錢你能犧牲什麼 ………………………… 185
52. 財富看漲指數 ……………………………… 187
53. 你是金錢白癡嗎 …………………………… 189

1. 點菜分辨你的性格

當你和朋友或其他人到了一間飯店或酒店裡用餐時，你點菜時通常是：

- ❑ A、不管別人，只點自己想吃的菜。
- ❑ B、點和別人同樣的菜。
- ❑ C、先說出自己想吃的東西。
- ❑ D、先點好，再視周圍情形而變動。
- ❑ E、猶猶豫豫，點菜慢吞吞的。
- ❑ F、先請店員說明菜的情況後再點菜。

A 你是個樂觀、完全不拘小節的人。做事果斷，但是否正確卻難說。先看價格後，迅速做出決定的人是合理型的；選擇自己想吃的人是享受型的；比較價格與內容才決定的人，為人吝嗇。

B 這種人多是順眾型的，做事慎重。往往忽視了自我的存在。對自己的想法沒有自信，常立刻順從別人的意見，這種人是易受人影響的人。

C 性格直爽、胸襟開闊，難以啟齒的事也能輕而易舉，若無其事地說出來。這種人待人不拘小節。可能是為人緣故，有時說話尖刻，也不會被人記恨。

D 你是個小心謹慎，在工作和交友上易猶豫的人。此類型的人給人的印象是軟弱的。想像力豐富，但太拘泥於細節，缺乏掌握全局的意識。

E 做事一絲不苟，安全第一。但你的謹慎往往是因為過分考慮對方立場所致。你能夠真誠地聽取別人的勸說，但不應該忘掉自己的觀點。

F 自尊心強的人，討厭別人的指揮，在做任何事之前，總是堅持自己的主張。做任何事都追求不同凡響。做事積極，在待人方面，重視雙方的面子。

2. 左右手習慣手型看個性

1. 像祈禱一般，將雙手交握起來，看你的雙手：左手拇指被押在右手拇指下的，左腦使用者；右手拇指被押在左手拇指下的，右腦使用者。

2. 將你的雙手交叉環在胸前攬住自己，再看看你的雙手：右手臂壓住左手臂的，左腦使用者；左手臂壓住右手臂的，右腦使用者。

然後從1＋2來看你的結果要照1→2順序看。

☆ 右左人：

善於體貼他人的傳統溫婉類型。能直覺瞭解對方的心情，並自然和善對應的右左人。雖然無法主動積極的向前，但卻會後退一步來遷就人，生性穩重且貼心，給人一股凡事都會好好照顧他人的安心感。不過一旦被拜託過一次，往後就很難再對他人說NO就是最大的缺點。不管自己有多麼的痛苦也會為他人鞠躬盡瘁，這種熱情堪稱天下第一！

☆右右人：

最愛自己的挑戰類型。生性勇往直前，一旦認定〔就是這個！〕時就會馬上採取行動！這就是好奇心旺盛最愛挑戰的右右人。憑著一股氣勢就能夠坦然挑戰危險事物的魯莽一族。但另一方面亦具有被抓住弱點時就很容易被打動的纖細脆弱的一面。基本上，不聽他人的話，會跳著聽談話的內容，也很容易就以主觀意識說話。不過也因這般充滿個性的緣故而備受眾人喜愛，往往能成為人氣者！

☆左左人：

認真又冷酷的完美主義者。雖頗有女人(男人)味，但卻是在這四種類型中最具有男子氣概！凡事都能條理分明的理論性思考，會憑著一番大道理迅速打敗他。自尊心極高，正義感也比他人多上一倍。作為朋友是很值得信賴，但若與之為敵就會很棘手的類型。只不過，因生性認真又是完美主義者，常會讓初次見面的人留下難以相處的不好印象。

☆ **左右人：**

喜歡照顧人，領導型。具有冷靜的觀察力能看透對方或現場的氣氛，但亦具有能體貼入微照顧對方的一面，這就是兼具冷靜與溫情的左右人。因生性冷靜，頗具男子氣概且責任感強烈，像個大姐一般常會受到同性的愛慕。能自然聚集人群並與之俐落相處。只不過，有時也會忍不住太愛照顧他人。相當在意世人如何看待自己，總是保持警覺心。

3. 生活中看出你的性格

每題只能選擇一個答案，應為你第一印象的答案，把相應答案的分數加在一起即為你的總得分。

1. 你最喜歡吃那種水果？

- ❑ A、草莓(2分)
- ❑ B、蘋果(3分)
- ❑ C、西瓜(5分)
- ❑ D、鳳梨(10分)
- ❑ E、橘子(15分)

2. 你平時休閒經常去的地方？

- ❑ A、郊外(2分)
- ❑ B、電影院(3分)
- ❑ C、公園(5分)
- ❑ D、商場(10分)
- ❑ E、酒吧(15分)
- ❑ F、KTV(20分)

3. 你認為容易吸引你的人是？

- ❑ A、有才氣的人(2分)
- ❑ B、依賴你的人(3分)
- ❑ C、優雅的人(5分)
- ❑ D、善良的人(10分)
- ❑ E、性情豪放的人(15分)

---

4. 如果你可以成為一種動物，你希望自己是哪種？

- ❑ A、貓(2分)
- ❑ B、馬(3分)
- ❑ C、大象(5分)
- ❑ D、猴子(10分)
- ❑ E、狗(15分)
- ❑ F、獅子(20分)

---

5. 天氣很熱，你會願意選擇什麼方式解暑？

- ❑ A、游泳(5分)
- ❑ B、喝冷飲(10分)
- ❑ C、開空調(15分)

---

6. 如果必須與一個你討厭的動物或昆蟲在一起生活，你能容忍哪一個？

- ❑ A、蛇(2分)
- ❑ B、豬(5分)
- ❑ C、老鼠(10分)
- ❑ D、蒼蠅(15分)

---

7. 你喜歡看哪類電影、電視劇？

- ❑ A、懸疑推理類(2分)
- ❑ B、童話神話類(3分)
- ❑ C、自然科學類(5分)
- ❑ D、倫理道德類(10分)
- ❑ E、戰爭槍戰類(15分)

---

8. 以下哪個是你身邊必帶的物品？

- ❑ A、打火機(2分)
- ❑ B、口紅(2分)
- ❑ C、記事本(3分)
- ❑ D、紙巾(5分)
- ❑ E、手機(10分)

---

9. 你外出時喜歡什麼交通工具？

- ❑ A、火車(2分)
- ❑ B、自行車(3分)
- ❑ C、汽車(5分)
- ❑ D、飛機(10分)
- ❑ E、步行(15分)

10. 以下顏色你最喜歡哪種？

- ❑ A、紫(2分)
- ❑ B、黑(3分)
- ❑ C、藍(5分)
- ❑ D、白(8分)
- ❑ E、黃(12分)
- ❑ F、紅(15分)

11. 下列運動中挑選一個你最喜歡的(不一定擅長)？

- ❑ A、瑜伽(2分)
- ❑ B、自行車(3分)
- ❑ C、乒乓球(5分)
- ❑ D、拳擊(8分)
- ❑ E、足球(10分)
- ❑ F、高空彈跳(15分)

12. 如果你擁有一座別墅，你認為它應當建立在哪裡？

- ❑ A、湖邊(2分)
- ❑ B、草原(3分)
- ❑ C、海邊(5分)
- ❑ D、森林(10分)
- ❑ E、城中區(15分)

---

13. 你更喜歡以下哪種天氣現象？

- ❑ A、雪(2分)
- ❑ B、風(3分)
- ❑ C、雨(5分)
- ❑ D、霧(10分)
- ❑ E、雷電(15分)

---

14. 你希望自己的窗口在一座30層大樓的第幾樓？

- ❑ A、七樓(2分)
- ❑ B、一樓(3分)
- ❑ C、二十三樓(5分)
- ❑ D、十八樓(10分)
- ❑ E、三十樓(15分)

---

15. 你認為自己更喜歡在以下哪一個城市中生活？

- ❑ A、麗江(1分)
- ❑ B、拉薩(3分)
- ❑ C、昆明(5分)
- ❑ D、西安(8分)
- ❑ E、杭州(10分)
- ❑ F、北京(15分)

180分以上

意志力強，頭腦冷靜，有較強的領導欲，事業心強，不達目的不罷休。外表和善，內心自傲，對有利於自己的人際關係比較看重，有時顯得性格急躁，咄咄逼人，得理不饒人，不利於自己時頑強抗爭，不輕易認輸。思維理性，對愛情和婚姻的看法很現實，對金錢的慾望一般。

140分至179分

聰明，性格活潑，人緣好，善於交朋友，心機較深。事業心強，渴望成功。思維較理性，崇尚愛情，但當愛情與婚姻發生衝突時會選擇有利於自己的婚姻，金錢慾望強烈。

100分至139分

愛幻想，思維較感性，以是否與自己投緣為標準來選擇朋友。性格顯得較孤傲，有時較急躁，有時優柔寡斷。事業心較強，喜歡有創造性的工作，不喜歡按常規辦事。性格倔強，言語犀利，不善於妥協。崇尚浪漫的愛情，但想法往往不切合實際。金錢慾望一般。

70分至99分

好奇心強，喜歡冒險，人緣較好。事業心一般，對待工作，隨遇而安，善於妥協。善於發現有趣的事情，但耐心較差，敢於冒險，但有時較膽小。渴望浪漫的愛情，但對婚姻的要求比較現實。不善理財。

40分至69分

性情溫良，重友誼，性格踏實穩重，但有時也比較狡黠。事業心一般，對本職工作能認真對待，但對自己專業以外事物沒有太大興趣，喜歡有規律的工作和生活，不喜歡冒險，家庭觀念強，比較善於理財。

40分以下

散漫，愛玩，富於幻想。聰明機靈，待人熱情，愛交朋友，但對朋友沒有嚴格的選擇標準。事業心較差，更善於享受生活，意志力和耐心都較差，我行我素。有較好的異性緣，但對愛情不夠堅持認真，容易妥協。沒有財產觀念。

4. 發簡訊看出你的弱點

一條小小的簡訊足以牽動我們或悵然若失或暗自欣喜的情緒，相信你也有這種感覺吧。測試一下，看看你發簡訊時有怎樣的習慣，而這些習慣可以說明你怎樣的致命弱點。

1. 你有沒有嘗試過自己編輯一些搞笑或煽情的簡訊？
   - ❑ 有過－前進到2
   - ❑ 沒有－前進到3

2. 當你收到朋友發來的搞笑簡訊時，通常會？
   - ❑ 一笑置之－前進到4
   - ❑ 感到很無聊－前進到5
   - ❑ 如果確實很有意思，會轉發給其他朋友－前進到3

3. 你對發簡訊表白的方式怎麼看？

- ❑ 比起當面表白可能帶來的尷尬，這樣子更加含蓄、浪漫一些—前進到6
- ❑ 這是缺乏勇氣的表現—前進到4

4. 發簡訊時經常會用到語氣詞，你通常會使用哪個字來表示肯定的意味呢？

- ❑ 嗯或啊—前進到6
- ❑ 哦或噢—前進到5

5. 在臨睡前發發簡訊，你比較習慣哪種方式？

- ❑ 發完簡訊再上床睡覺—前進到7
- ❑ 躺在床上發簡訊—前進到6

6. 晚上和朋友發簡訊聊天，總會記得道一聲晚安或類似的結束語嗎？

- ❑ 是的—前進到8
- ❑ 不是，常常發著發著簡訊就睡著了—前進到7

7. 你常常會忘記刪除，使得信箱裡充滿了簡訊嗎？

- ❑ 是的—前進到8
- ❑ 不是，我會記得定期刪除一些沒有用的簡訊—前進到9

8. 你發簡訊時通常？

❑ 一隻手同時抓著手機和按鍵－前進到9

❑ 一隻手扶著手機，另一隻手按鍵－前進到11

❑ 兩手同時抓著手機和按鍵－前進到10

---

9. 你感到很無聊時，比較偏好於用哪種方式向朋友或戀人傾訴？

❑ 打電話－前進到10

❑ 發簡訊－前進到11

---

10. 你是不是常常發簡訊發到一半就感到很不耐煩，轉而打電話呢？

❑ 是的－前進到12

❑ 這種情況很少出現－前進到13

---

11. 如果有不認識的人發簡訊向你表白，你會？

❑ 打電話回去詢問對方是誰－前進到12

❑ 發簡訊詢問－前進到14

❑ 什麼也不問，先和對方聊聊再說－前進到13

---

12. 收到明顯是發錯了而且絕無惡意的簡訊時，你會？

❑ 置之不理－A

❑ 會好心回覆提醒一下－前進到14

---

13. 你的簡訊鈴聲是？

- ❑ 手機原本配置的－回到12
- ❑ 自己下載的或喜歡的鈴聲B

14. 你沒事的時候喜歡翻看自己以前發過或收到的簡訊嗎？

- ❑ 是的－C
- ❑ 不是－D

壞脾氣

你的脾氣真的是很差，而且從來都不知道加以掩飾。你心情好的時候，看人就會格外順眼，而且對人是出奇的好。要是你心情不爽，就會把一張臉拉得老長，而且在你的四周會散發出一股陰冷之氣。這還好呢，要是趕上你心情極差時激怒了你，你可一定會不分場合的發作一番。這樣很容易得罪人的！雖然你只是性子直了點，並沒有壞心，但是碰到心胸狹窄的人，很可能會懷恨在心，從背後捅你一刀的。要明白，這世界不是圍繞著你一個人轉的，也要懂得站在別人的角度想一想。再說，「己所不欲，勿施於人」，你真的做到了嗎？

B 失去的情感

與其說你對待感情太過執著，倒不如說你是有點執迷不悟。你從來不肯主動地放棄，雖然理智上你明白感情已不在，但是在情感上，就是不肯承認這個現實，非要鑽牛角尖不可。你也許會很長一段時間都獨自沉浸在失戀的痛苦中，也許會把痛苦轉為瘋狂的報復行為。你一旦愛上一個人，他(她)就會成為你的全部，你會甘心情願為對方付出一切，當然，也會不惜傷害自己和他人。其實，愛情並不是人生的全部，當愛已不在，能夠瀟灑地放手，放過別人的同時，最重要的是也放自己一條生路，畢竟，我們應該為自己而活，不是嗎？

C 優柔寡斷

你做事情欠缺果斷，總是會瞻前顧後，即使是一件並不太大的事，你也要在事前仔細的思量，設想到各種可能性，再根據經驗、理論…好好地斟酌一番，到了這一步，你竟然還沒有拿定主意。雖說要三思而後行，但是像你這樣五思、六思都過了，可就不是謹慎，而是優柔寡斷了。這樣下去，再好的機會也要與你擦肩而過了。其實，你對自己還是蠻有信心的，但是，究其根源，你並不清楚知道自己要的是什麼，也不知道該如何把握你的未來。趁著還年輕，趕緊好好的為將來打算一下吧，否則，可能很容易被人牽著鼻子走。

D 半途而廢

現在，不妨思量一下，你的人生到現在為止，有幾件事真正做到了善始善終，是不是屈指可數呢？

你的腦袋夠聰明，也有足夠的熱情，但可惜，只是三分鐘熱度。你的性格很善變，常常是事情進行不到一半，就覺得索然無味，而且又很任性，不喜歡了，想都不想就放棄。對人也是如此，剛開始還很要好的朋友，過不了多久，就會厭倦對方，到最後只能形同陌路。不信的話，看看身邊的朋友，有幾個是相交多年的呢？喜新厭舊是本性的東西，很難改變，但是，自己做的事，就要勇於承擔。堅持到底也是一種責任心的表現，一個沒有責任心的人，最終恐怕會一事無成的噢。

5. 從哭泣情況測你的性格

請依序排出下面最容易讓你哭的原因，1是最容易哭；5是最不容易：

- ❑ A、感動
- ❑ B、傷心
- ❑ C、痛(肉體的痛)
- ❑ D、生氣
- ❑ E、擔心/緊張

A：感動，意味著跟你不是很熟的人心中的你

排在第1：常常把自己藏起來的人，很有神秘感，不容易接近。

排在第2：很會關心別人的人，很容易發現身邊有人不開心，不會很容易講錯話題。

排在第3：傻傻的人，怪怪的，想做什麼就做什麼。不過很可愛。

排在第4：不會想，老是讓人擔心的人。

排在第5：很聰明，很負責任的領導者，對你很尊敬。

B：傷心，意味著跟你很熟的人心中的你

排在第1：對很多事都要求很高的人。不過有很多時候都太固執。

排在第2：可以跟你講道理。黑白之間分辨得很清楚。

排在第3：心思很細膩的人。很多時候傷心不會表現出來，不過其實大家都看得出來。

排在第4：會先想很多才會做選擇。不想自己給人看扁，自尊可以算是很強的人。

排在第5：外剛內柔的人。但其實知道你的內心不是那麼堅強。

C：痛意味著你希望別人覺得你是……

排在第1：很需要別人保護的人。

排在第2：不是那麼容易接近的人。

排在第3：好人一個，很關心身邊的人，不怕做犧牲的人。

排在第4：很聰明，不過又不會驕傲的人。

排在第5：很清楚自己想什麼要什麼的人。

D：生氣，意味著你最希望你的情人是……

排在第1：跟你很合拍。你跟他想的東西是一樣，不用問便知道對方要什麼。

排在第2：不會很容易發脾氣，要懂得容忍你且外剛內柔，有自己的性格。

排在第3：內心是很可愛的一個人，你猜不到下一步他會做什麼。

排在第4：很細心。你需要什麼他都有準備，不會因為很少的東西便找你。

排在第5：智慧很重要。可以管得到你的人，而且要講道理。

E：擔心／緊張意味著，最真實的你是……

排在第1：一個很怕給別人看到自己是什麼樣的人。不喜歡自己性格的人。

排在第2：孤獨的人。很希望可以跟一大堆人在一起。不過很多時候都不知道怎樣跟別人溝通。

排在第3：覺得朋友比天還重要的人，很珍惜身邊很多朋友。敢愛敢恨。不過不喜歡的人你就不會去管。

排在第4：直接的人。很多時候因為這樣的性格跟別人不合。希望有多一點人可以瞭解你，特別是你喜歡的人。

排在第5：不是很清楚自己將來要什麼。不過就很幸運的走過半生，不會對很多東西有要求，最重要是可以開心過每一天！

6. 深夜火災測試你的性格

在睡夢中，突然發生大火，如果是你，你會拿著什麼東西而逃呢？

- ❑ A、錢
- ❑ B、時鐘
- ❑ C、食物
- ❑ D、衣服
- ❑ E、日記

A 你是一個有大膽與冷靜兩種特性的人，凡事能以整體的利益為重，不會被眼前的小利所誘惑。

B 你是一個態度很積極的人、頭腦很靈活，工作能力非常強，只是有一點小小的缺點—自信過盛。

C 你是一個樂天派的人，喜歡幫助他人，只是一旦他人對你有所求時，即使自己做不到的也難以拒絕。

D 你是一個小心謹慎型的人，絕對不會魯莽行事，有強烈的責任感，也因為責任感太強而產生了些壓力，請特別注意。

E 你是一個異性運很強的人，感情豐富，品味超群，常會有羅曼蒂克的際遇。

7. 測測你依賴他人的程度

這天你逛公園，發現一朵很漂亮的花，而且散發著某種水果的香味，是哪種水果香呢？

- ❑ A、葡萄香
- ❑ B、桃子香
- ❑ C、檸檬香

A 選葡萄香的人依賴心很重，就算是你可以獨力完成的事，你都想麻煩一下別人，小心有時讓別人覺得你是不是真的不能獨立完成事情。

B 選桃子香的人會視時機或看人而撒嬌，所以不用懷疑你的依賴程度—你只有面對情人時，才會表現出獻媚的態度。

C 選檸檬香的人最不會撒嬌，的確，很多事情都是你可以獨力完成的，但適當時機對你的戀人撒一下嬌，會讓對方更憐愛你。

8. 從廢紙檢測你是否尊重女性

當你的手上有十張紙要你丟掉時，你會以什麼樣的方式丟掉呢？

- ❑ A、就這樣丟掉。
- ❑ B、對折後丟掉。
- ❑ C、擰彎了之後丟掉。
- ❑ D、揉成一團後丟掉。
- ❑ E、撕成一小片一小片之後才丟掉。

A 非常尊重女性，是個極端擁護男女地位平等的人，彼此尊重對方的自主權，喜歡無拘無束的戀愛自由，但也可能太過拘謹，不善於和對方傾訴心中情，屬於只重視肉體享受的類型。

B 你是個很會體貼女性相信女性的人，將紙折成兩半，表示很重視女性的感受，是個凡事都以愛人為最優先考慮的體貼男人，但這種男人最容易吃一些壞女人的虧，如果遇到存心玩弄你的女人，吃不了兜著走的就是你自己。

C 表示你和女性的交往有挫折感，想要體貼對方，但卻無法表現出來，這一類型的人，往往都有戀母情結，且常會和比自己年長的女性同居，和女性交往時，在外人的眼光中或許是一對璧人，但在對方無法和自己配合時，便會拳腳相向的人。

D 是個凡事都要對方順從自己意願的人，標準的自我中心主義分子，做愛時也從未考慮對方的感受，將女性當成性工具，是屬於連釣魚也不上魚餌的類型，在女性的眼中或許外表上很有男性的氣概，但除非她自己有喜歡被虐待的傾向，否則還是會一走了之的。

E 表示對女性有暴力的傾向，或許曾失戀或曾被女性背叛過，意識中有著想對女性復仇的意念，最後便以遺棄女性或凌辱女性來得到快感，在性生活方面也有暴力的傾向，是個極端危險的人物。

9. 你選擇了什麼顏色

按由強到弱「討厭」的顏色順序，選擇你排列第九的顏色。也就是說在下列的顏色中你最喜歡什麼顏色？

- ☐ A、黑色
- ☐ B、白色
- ☐ C、紅色
- ☐ D、綠色
- ☐ E、黃色
- ☐ F、藍色
- ☐ G、紫色
- ☐ H、橙色
- ☐ I、咖啡色

A 是個擁有不可思議的魅力之人。這種人的週遭總是散發著一股神秘氣氛或孤獨的氣氛，給人不易接近的印象。

B 偏愛白色的人大多不會將自己的感情清楚地流露在外。看待事物不會只在意外表的光輝璀璨，會進一步探索內在的本質。這種人不喜歡受人矚目，也不喜歡很搶眼的東西。這種人個性實在，做事腳踏實地且努力認真，誠實又有強烈的責任感。

C 紅色是代表精力和行動的顏色，而紅色的食物或飲料也通常具有提神醒腦的功能。喜歡紅色的人，個性積極，充滿鬥志。而且意志堅強不輕易屈服，凡事依照自己的計劃行事，一旦無法實現便覺不順心，但會充滿鬥志抗爭到底。如果完全不依原先所預期，又會有猛烈反彈的舉動。儘管如此，碰到多少困難，都不能輕易打倒這個精力充沛的人。

D 綠色是「紅」與「藍」的中間色彩。喜歡此顏色的人，性格給人的印象也是在這兩種顏色的中間。既有行動力，同時又能沉靜思考，擁有截然不同的兩種特質。也就是兼具優雅與理性，喜好寂寞又謹慎保守，行事不會逾越本分。此種人很理性，不管事態多混亂，都不會偏頗一方，堅守自己的立場，冷靜的處理事物。

E 與金屬相結合的黃色，是理論性思考事情的「理智之色」。看到黃色，便容易提高自制力和注意力。喜好黃色的人，適合從事機械性的工作，大多屬於理論家類型。雖然才能出眾，卻容易恃才傲物。由於自尊心強，又對自己的能力極具信心，因此，期望獲得他人賞識的心情也很強。儘管如此，有時又能溫順服從，表現出合作的個性。

F 藍色是天空和海洋的顏色，正巧和紅色所具有的形象相反，它象徵冷靜和浪漫。一看到藍色，可使人的心情安定沉靜，同時提高想像力。喜歡藍色的人，個性溫柔敦厚，有豐富的感受性，是個優雅的人。此種人既敏感又易受傷害，對他人的感覺經常是敏感的。

G 紫色，是紅和藍兩個性格極端顏色混合而成的，因此，這個顏色充滿著神秘不可理解的複雜情調。這是個個性化的顏色，藝術家和文學家易選擇此顏色。設計家或美感敏銳的人，尤其喜歡此顏色。喜歡這個顏色的人，不喜歡平凡事物，常常有獨特的構想，內心強烈渴求世人肯定你的才能，有時顯得太過虛榮，裝飾過度。面對知心朋友，不妨坦率以待，但是由於平時內向又性情不定，旁人很難理解你真正的想法。此外，有時你也會大發雷霆，但絕不至於歇斯底里。當人的身體狀況不佳時，或很疲倦時，也易喜歡此顏色。

H 橙色是不太討人喜歡的顏色，特別是不受女性歡迎。可是，喜歡橙色的人卻具有出眾的社交性格，可以與任何人融洽相處。這種人最適合從事推銷員、空中小姐、旅館服務員的工作。經常笑臉迎人且願意先向人打招呼問好。喜歡與人相處，不喜歡獨處。喜歡上別人時，通常以朋友的身份愛慕對方，而不會以大膽熱情示人。另外，這種人非常喜歡新鮮事物或是稀奇古怪的東西，對人生擁有永不熄滅的情趣。

I

咖啡色是深沉而樸素的顏色。喜歡這個顏色的人，服裝嗜好也偏愛不華麗但富有韻味的款式。正因為這種傾向，你很在乎事物內層的精神性表現，所以很能瞭解人世間的寂寥和孤寂。雖然你的存在並非引人注目，但是內在卻具有良好的潛質。由於誠實又富有責任感，很容易被別人接納。但是，有時太過於孜孜不倦，而顯得有些不知變通。此外，對於容易明白的事情，偶爾會用力過度，做無謂的深刻思考。

10. 療傷音樂與你的性格

生活中總會遇到不順心的事，這時聽聽音樂放鬆一下是個不錯的選擇。那麼，適合你的療傷音樂是什麼呢？

題目：當煩躁了一天之後，夜深人靜，一個人獨處的時候，你喜歡聽什麼樣的音樂呢？

- ❑ A、古典音樂
- ❑ B、大型交響樂隊演奏的曲目
- ❑ C、輕音樂或是以單一樂器伴奏的獨唱歌曲
- ❑ D、爵士樂

A 你是那種一遇到不爽的事，臉色馬上就會沉下來的人，悶悶的什麼話也不說，就只會擺一張生氣的老K臉，對付你這種人的方法，就是不用理你。你的情緒只有你自己可以排解，等到你肯主動了，你的氣就全消了。

B 你很需要別人的安慰，在你的道德觀中，認為用悲傷的情緒去干擾別人，是一件很不道德的事。但是你偏偏又是很需要，怎麼辦呢？你會在大家面前裝出受傷的樣子，問你怎麼樣了，就是要有「三顧茅廬」的精神，一直問下去就對了！

C 你只要一受傷，無論外表看得出看不出，都需要很長一段時間恢復，而且每次都剛剛好。只能復原80%，你傷心時，第一個反應就是什麼都懶得說。所以，只要看見你一個人在那兒悶悶地望著遠方，最好的辦法就是關上門，給你一個獨處的空間！

D 你可能有點自虐的傾向，其實也沒有這麼嚴重，只是你很容易過度壓抑自己的情緒，希望別人看不出你的不安，事實上，這是很難的。

因為過度壓抑的結果，反而更極端的反彈，所以，如果是你的好朋友，就應該幫助你把情緒都正當宣洩出來！

11. 你擁有哪一種天賦才能

你一個人走在半夜寂靜的街道中，不知道為了什麼原因，你就是覺得有人躲在暗處跟蹤你，而且跟蹤你的人似乎不止一個人，你越走心裡就越害怕，於是你拔腿就跑，沒想到對方也開始拚命地追趕你，簡直像要把你殺掉一樣。

你好不容易躲進地下水道裡，他們這才沒有追來，可是就在你以為一切沒事、準備打道回府之際，他們又出現了，你想要找人幫你，可是沒想到在偌大的街道中，除了你沒有遇到半個人，而且每戶人家也都沒有人在，你只覺得求助無門，而且被追殺得莫名其妙，請問他們到底為什麼要追趕你呢？

- ☐ A、那些惡魔要打倒身為救世主的你
- ☐ B、因為你欠下了一屁股債，被討債的人追趕
- ☐ C、因為你目擊殺人事件，結果被犯人們追趕
- ☐ D、某個國家想把你的成果用在壞的地方

A 你是一個不折不扣的偏執狂，再這樣下去的話會非常危險，如果不快點踩下煞車，阻止自己太過分的行動，很可能就會成為像希特勒一樣充滿危險思想的人，最好特別注意這一點。

B 你經常覺得「怎麼可能會有這種事？」這樣的你太注重現實、缺乏自信，有時不妨多發揮自己的想像力。你經常在所謂的天之驕子身旁打轉，希望從對方那獲得自己所沒有的東西。

C 你擁有極佳的天賦才能，這樣的你很受大家歡迎，不過這樣的你稱不上是領導人物，充其量只是個喜歡惡作劇的小鬼。雖然會做一些小壞事，但是大家仍然會死心塌地的追隨著你。

D 這樣的你屬於高度危險型的偏執狂，偏執的心態雖然十分危險，但是如果能夠專心地朝某個方向努力，或許有機會成為某個領域的佼佼者，像你這種類型的人非常適合成為政治家。

12. 看看你是不是很瘋狂

測試題目：神仙給了你一個機會，一揮手，把你帶到了你生平最恨的人家裡。仇人正好不在家，你可以任意毀壞他或她家裡任何傢俱、電器、用品，如果有四樣東西讓你選，你會先選擇毀壞哪一樣？

- ❑ A、投影電視
- ❑ B、波斯地毯
- ❑ C、馬桶
- ❑ D、大衣櫃

A 你是個看起來理智的瘋子，屬於比較善良的一類人，你周圍的朋友必定不少，因為你很容易被別人接納。說你是瘋子是過分了點，其實你只是偶爾有些精神分裂。

B 你是個很記仇的人，當你被仇恨沖昏了頭腦的時候你會是個可怕的瘋子，你對仇人下手決不留情，殺之而後快。希望你以後遇事保持清醒的頭腦，世上沒有治後悔的藥哦。

C 你是個很可愛的瘋子，發瘋的時候也不忘如星爺的電影般搞笑，你發瘋的時候很多，但造成的危害不大，很多人樂於和你這種半瘋半醒的人在一起，以尋找生活的樂趣。

D 你是個不折不扣的瘋子！你驍勇、好鬥、殘忍、精明且體力超出常人。有時候你會莫名其妙地想毀壞一些東西，哪怕這些東西跟你毫無關係，你的突發性思維很強，別人根本不知道你下一步又要幹什麼。精神病院和恐怖分子你這種人最多，你得趕快把精力集中在工作或學習上，免得害人。

13 在辦公室，你扮演什麼樣的角色

每天上下班，你都會飽嚐等車和擠車之苦。而今天你更是等了好久，也沒見到你所等的公共汽車的影子。這時的你會採取下面哪一種等車的姿勢？

- ❑ A、把手放在背後，或是不斷地看手錶
- ❑ B、把手插在口袋裡
- ❑ C、雙腿交叉地站著
- ❑ D、找一面牆靠著

A 你很講求效率和成效，一想到什麼事，就要立即做到才行。這樣的個性，在你的臉上表現無遺，所以你也是一個不適合耍心機的人。有些「血淋淋」的鬥爭，其實你並不喜歡，但因為怕別人的閒言閒語，就虛情假意的做著。明刀來明刀去，才是你的標準作風。

B 你是一個有城府的人，做什麼事，都會經過詳細和周密的籌劃，可是最不按常理「出牌」的人也是你。在你笑臉的背後，也許隱藏著什麼重大的陰謀。正因為你把全部的聰明全放在人際的周旋上，而相對地卻對業務上關心減少，所以小心聰明反被聰明誤。

C 雖然做什麼都是實幹苦幹的，可是就是對自己缺乏自信心，別人隨便吼你兩句，不管你是不是有理的，總是會嚇得個半死。

D 通常心智還沒有真的成熟。情緒管理的EQ比較差，陰晴不定的表情常常會掛在臉上。做事好像也是隨性而為，老大不高興就擺張苦瓜臉呆在那兒。如果有人在這時請你做事，就好像是他的不對一樣。

14. 你是個成熟的人嗎？

買衣服時，你會以什麼作為選擇的主要依據？

- ❑ A、牌子
- ❑ B、流行
- ❑ C、顏色
- ❑ D、款式
- ❑ E、價錢

A 基本上你勉強可算是個成熟的人，雖然某方面你的能力跟表現未盡理想，但是你還是能夠努力不懈地朝目標前進，然而或許你認為自己已是成熟的人，但有時無意間的小動作，還是會流露出稚氣未脫的感覺，所以很容易被貼上小孩子、幼稚的標籤。

B 你屬努力尚嫌不足的典型，還不算是成熟的人，你心理成熟度還處於萌芽的階段，如果從現在開始積極培養的話，將來定會大有作為的。

C 你全身上下散發出成熟、迷人的氣息，但是還不能說是完全的成熟，因為你還是容易為一時的感情用事。

D 你是一個在心智上臻於成熟的人，每天精神奕奕、充滿自信，同時又很受到朋友的信賴，唯一的缺點就是你對日常生活乃至人生的態度稍嫌嚴肅了點。

E 乍看之下似乎你的舉止、行動中都散發出成熟的氣息，然而實際上，你卻是個不折不扣極需依賴他人的人，你沒有辦法好好認清自己、為自己定位，是個完全沒有主張的人，建議你多多發表自己的主見吧。

15. 你很會自我表現嗎？

設想你正在海洋中乘船巡遊，四面八方儘是一望無際的藍色海洋，從水平面上，突然有東西映入眼簾。你想，那該會是什麼呢？

- ❑ A、陸地
- ❑ B、另一艘船
- ❑ C、朝陽
- ❑ D、魚

A 墨守成規，不善於標新立異，更不敢自我主張，因為你無法打破傳統的思想觀念，所以限制了你展示自己的個性。

B 對展示自我有心勞日拙之歎。水平面上的船，該是你的嚮導，如果沒有旁人的協助，你的才能很可能會被忽視。

C 你是個善於將自己的個性發揮得淋漓盡致的人，你的這種個性也為你開闢出一條成功的大道，雖然你在剛開始時不太得人緣，但你的個性注定會讓你出人頭地。

D 你生性好妄想，常好高騖遠、不切實際，常因不自量力而陷入困境。

16. 你是否真的愛自己

1. 當我從房子裡走出去的時候：

- ❑ A、我總是穿著時髦，衣著整潔
- ❑ B、有時候我看上去不是十分整潔
- ❑ C、我按照自己的感覺穿衣服：有時候時髦，有時候邋遢

2. 當我犯了錯誤時：

- ❑ A、我會向其他人明確地指出，這多麼讓我感到遺憾
- ❑ B、我試圖掩飾這一狀況
- ❑ C、我會嘲笑我自己

3. 當我嘲笑自己的時候：

- ❑ A、其他人也可以隨便地跟著一起笑
- ❑ B、是扭捏和勉強地笑
- ❑ C、我已經準備好當別人的笑料了

4. 您小時候有一本特別喜歡的書嗎？

- ❑ A、是的，而且現在我仍然記得是哪一本
- ❑ B、沒有，我覺得所有的書都是一樣激動人心或者沒意思
- ❑ C、我不是有一本特別喜歡的書，而是有很多

5. 您所愛的那個人知道您的消極想法、您的恐懼和噩夢嗎？

- ❑ A、他(她)知道所有這些一而且瞭解得很詳細
- ❑ B、他(她)知道其中一部分，我們曾經談起過這一部分
- ❑ C、原則上他(她)知道所有這些，但是我們不常討論這些

6. 緊張的一天後，您如何放鬆自己？

- ❑ A、舒服地洗一個熱水澡，放上各種香料
- ❑ B、隨便找個地方，閉上眼睛休息
- ❑ C、散步休息

7. 我給我的床鋪換上新的床單，是喜歡整潔的人是不會不鋪床的，而且一定會馬上把地毯上的污漬和廚房裡的麵包屑清理乾淨。

❑ A、有規律的，而且是當第一塊污跡能夠看到時，即使它還很小

❑ B、有規律的，但是沒有「有潔癖的太太」換得那麼勤

❑ C、沒有規律，只有當確實有這個必要的時候才換

---

8. 您上次在商店裡就迫不及待地掰下一小塊新鮮麵包是什麼時候？

❑ A、不久以前

❑ B、在我還是一個小孩的時候

❑ C、實際上我經常這麼做

---

9. 當我喝了兩杯香檳之後。

❑ A、更加高興

❑ B、與平時沒有什麼兩樣

❑ C、有一點醉醺醺的，變得更高興

---

10. 現在您的皮夾裡有多少錢？

- ❑ A、可惜，又比我想像的少
- ❑ B、不知道，不過肯定夠我用的
- ❑ C、我知道確實有多少錢。

11. 如果您有一條狗，什麼對您來講是最重要的？

- ❑ A、好看的外表，純種
- ❑ B、守規矩，聽話
- ❑ C、既能當寵物，又能當看家狗

12. 有哪些特點的女性對您具有吸引力？

- ❑ A、幽默感和移情能力
- ❑ B、金錢和經濟上的獨立
- ❑ C、精神和知識修養上的獨立

13. 具有哪些特點的男性對您具有吸引力？

- ❑ A、幽默感和移情能力
- ❑ B、金錢和經濟上的獨立
- ❑ C、精神和知識修養上的獨立

14. 你最欣賞自己的哪些方面？

- ❑ A、外表
- ❑ B、品味
- ❑ C、修養

15.愛自己是？

- ❑ A、越來越重要的一件事情
- ❑ B、不能給我帶來什麼
- ❑ C、愛別人的前提條件

選擇A最多的人

您理解什麼是愛自己。愛自己不是自私自利，更不是罪過。對您來說，愛自己意味著：對待自己就像對待別人一樣好；公平地對待錯誤，而不是消極地批評；用幽默對待弱點；總體上接受生活的本來面貌，但是在一些事情上用強烈的意志力尋求改善和改變。能夠這樣生活的人們，也能夠用充滿愛的方式對待他人。這兩點是幸福和滿足的重要前提。

選擇B最多的人：

您不夠愛自己。有時候您對自己很寬容，太放縱自己。您經常對自己的外表、成就和整個生活太苛求，持太大的批評態度。對自我持有這樣態度的人們，在受生活影響的時間裡，即在童年時代，往往受到過於嚴格的家長的壓制，這些家長總是反覆無常，有時候很和藹，有時候又很嚴厲。您在今天仍然以某種方法，像您的父母當年對待您那樣對待自己。您雖然有時候會嬌慣自己，但是總是出於錯誤的想法。您應該從這裡著手。請您每天對自己說三遍：「我有權利讓自己過得好，把自己的生活創造得更美好。」請您這樣做，請您寵愛您自己，不要等別人來寵愛您。這是通往充滿愛的健康方向的第一步。

選擇C最多的人：

您對自己的愛太多了。或者說得更加確切些，您用一種尚需改進的方法愛自己、寵自己，這種方法不會給您真正的滿足感。原因在於，您總是注意別人。如果別人喜歡您並且讓您能夠感覺得到，您就會感覺很好；反之，您就會對自己產生懷疑。這樣您就把自己的生活變得很艱難，因為其他人的情緒經常變化無常，是利己的和缺乏耐心的。請您試圖擺脫他人的評價，不要過多地注意別人的讚揚或批評—您將會經歷小小的奇蹟，那就是其他人將更多地給您友好的關注，更少地對您進行批評。

17. 你想要實現哪種科幻情景

假如科幻電影中的情節真的能成真，你希望下列哪一種情況變成事實？

- ❑ A、外星人造訪地球
- ❑ B、恐龍復活
- ❑ C、發明時光機器自由穿梭過去和未來
- ❑ D、移民外星球

A 常常發呆，有時連自己想什麼都忘了，思緒不停地跳躍。

B 有些時候，你的童心和玩心都很重，讓許多人都以為你很孩子氣，很不成熟，不過，這只是他們表面上看到的形象，你只是想以輕鬆的態度來對待事情，你內心的考慮卻是很周全的。

C 你很嚮往過著四處遊蕩的生活，率性而行。

D 你是個有責任心的人，對於承諾相當看重，會審慎考慮自己的能力，所以你相當踏實，不僅是針對自己，也會顧慮到別人的生活，你對現實多少還是有點不滿，可是不會有逃避的心態，願意面對困境，好好解決眼前的問題。

---

18 解說你心目中許多重要事件的順位

請將以下的5種動物，依你對它們喜愛的順序排列：

- ❑ A、母牛
- ❑ B、老虎
- ❑ C、綿羊
- ❑ D、馬
- ❑ E、豬

牛：代表事業；老虎：代表自信；綿羊：代表愛情；馬：代表家庭；豬：代表金錢。

19. 人格描繪

請在以下的每一句話之後寫出一個你對於它所感覺的形容詞：

- ❑ A、狗
- ❑ B、貓
- ❑ C、老鼠
- ❑ D、咖啡
- ❑ E、海

你對於狗的形容詞就是形容你自己本身的人格
你對於貓的形容詞就是形容你的伴侶人格
你對於老鼠的形容詞就是形容你的敵人人格
你對於咖啡的形容詞就是形容你對於性的看法
你對於海的形容詞就是形容你對於你自己本身人生的看法

20. 發現你的個性缺點

1. 當一個朋友繫著一條並不太合適他的領帶卻自我感覺良好地對你說：

「怎麼樣，還可以吧！」這時你怎麼回答？

- ❑ A、坦率地表示「不怎麼樣」
- ❑ B、笑而不答
- ❑ C、說「不錯」
- ❑ D、說「不錯是不錯，不過上次那條更好看」

2. 約會時，當他(她)好像很無聊的樣子而保持沉默時，你會說：

- ❑ A、「回去吧！」
- ❑ B、「怎麼啦？是不是心情不好？」
- ❑ C、「想去散步嗎？」

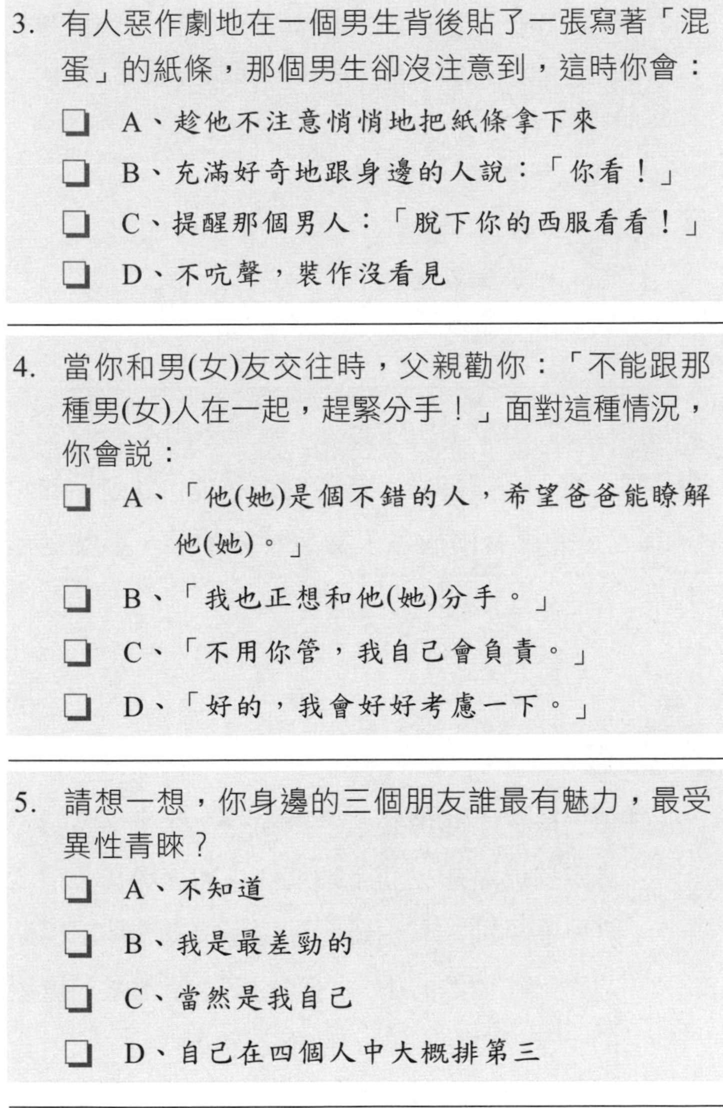

3. 有人惡作劇地在一個男生背後貼了一張寫著「混蛋」的紙條，那個男生卻沒注意到，這時你會：

- ❑ A、趁他不注意悄悄地把紙條拿下來
- ❑ B、充滿好奇地跟身邊的人說：「你看！」
- ❑ C、提醒那個男人：「脫下你的西服看看！」
- ❑ D、不吭聲，裝作沒看見

---

4. 當你和男(女)友交往時，父親勸你：「不能跟那種男(女)人在一起，趕緊分手！」面對這種情況，你會說：

- ❑ A、「他(她)是個不錯的人，希望爸爸能瞭解他(她)。」
- ❑ B、「我也正想和他(她)分手。」
- ❑ C、「不用你管，我自己會負責。」
- ❑ D、「好的，我會好好考慮一下。」

---

5. 請想一想，你身邊的三個朋友誰最有魅力，最受異性青睞？

- ❑ A、不知道
- ❑ B、我是最差勁的
- ❑ C、當然是我自己
- ❑ D、自己在四個人中大概排第三

---

6. 在婚禮的前一天，昔日的男(女)友突然出現，對你說：「我仍然愛著你！」並向你提出復合要求，這時你會：

- ❑ A、為難或不知所措
- ❑ B、答應對方的請求
- ❑ C、將其痛罵一頓
- ❑ D、斷然拒絕

請根據你在測驗中的選項，分別算出A、B、C、D各選擇了幾個。選擇數目最少的那一種，就是你的類型。但是，如果有兩個以上數目相同的話，那就是類型E了。

型

似乎缺少「同情心」。不論遇上什麼事，總是先為自己著想，而不顧及他人的立場及心情，就是看見別人有困難，你也不會主動伸出援助之手。在你的心中，自己的事永遠都是最重要的，至於他人的事，你根本就不在意。

在你心中一直有個願望，就是希望別人更關心你。或許是這種期待過於強烈，才使你變得那麼自私冷漠吧。

是個不開朗的人。雖然你沒有意識到，但因為你的表現和態度總給人很陰沉的印象，讓你以為自身有什麼問題。這個時候最重要的是讓人瞭解真相。很會思考的你，可以說是個很認真的人，可是要注意，如果太過嚴肅，反而不會解決問題。而且一旦真的有事發生，真正想要幫助你的朋友看到你那一副陰沉的樣子，大概也會離你而去。所以應該注意，要盡量避免過於嚴肅、陰沉。

你的缺點就是沒有「決心」。你到商場去買東西時，往往看得眼花繚亂，結果卻什麼也沒有買成就回家了。由於你的喜好和憎惡很分明，所以想買的東西，能很快地選出來，但是，在付帳的途中，如果你又看到了同樣種類的東西，你就會左右為難了。

不僅在購物時，在人際關係上，決心也是非常重要的。如果在最後的瞬間你突然產生迷惑，無法做出決定，這是相當糟糕的事情。

你所欠缺的就是「慎重」。不論是在做決定或購物時，你一直都是很衝動的，而且你性情不定、朝生暮死。

如果聽說有什麼特賣商品，你很快就會跑去買一大堆並無實際用途的東西回來，而且會很輕易相信別人的推薦、介紹，隨隨便便就答應別人的請求，事後才追悔莫及。不論在什麼場合，你總是行動在先而考慮在後，所以每當他人有事求你的時候，你往往就會不假思索地答應下來。如果不準確估計自己的能力，對誰都隨便討好應承，難免有時會失信於人。自己沒能力辦到的事就不要答應人家，這是很重要的。不過像你這樣的人朋友很多，如果是女性，往往很受男性青睞。

你可能是個想得多做得少的人。你常會左思右想，結果卻什麼都沒有做。由於過分考慮事情的結果以及顧及旁人的看法，所以你常常會缺少行動的勇氣。

你有很好的判斷力和構想，但真正遇上問題時，卻無法發揮出來，而且你做事時選擇的方法也不對。由於你太理想主義了，所以常常會脫離實際。在生活中，你應該更加自信些，不要膽怯和畏懼。

21. 透過網路聊天判斷自己

如果你在網路聊天室裡結識了讓你認為一見如故，相見恨晚的網友。當你們在網路視訊時，發現對方並不是你想像中的樣子，此時你會怎麼想、怎麼做？

- ❑ A、他(她)的語言和人太不配了，好醜的面孔，立刻關了窗口下線
- ❑ B、一時間無法接受，推說有事或者上廁所，待自己冷靜之後再聊
- ❑ C、沒什麼，人無完人，我也不完美，他不漂亮也許正好說明他人好
- ❑ D、雖然強壓內心感受，卻出語傷對方自尊心，坦白說出對方不好看

選A的人

你相信虛幻勝過現實，你是個較完美主義的人。當事實不如你意時，你會不顧一切的逃避，甚至完全傷害到對方。但是這類人比較直接，爽朗。只是當今社會更需要婉轉的處事方式。

選B的人

比較適宜當今社會的要求，讓自己冷靜之後，就能平衡心理狀態，這類人的心理素質相當好，就算今後自己喜歡的人做了不如自己意的事情，也會理智地處理，不會怒火擾亂心智。

選C的人

你對事對人態度平和。

選D的人

你的做法比較怪，雖然對自己將要做的事情後果有強烈預感，但最終卻背道而馳，你只能說心智還不夠成熟，當你學會表裡如一，或者真實隱藏內心感受，你的社交會更好。

22. 什麼事情你最看不開

你知道內心深處的你最害怕什麼嗎？現在默念1到5，然後再依直覺選個數字，就能知道你潛意識裡對什麼最看不開？

- ❑ A、數字1
- ❑ B、數字2
- ❑ C、數字3
- ❑ D、數字4
- ❑ E、數字5

A 數字1，看不開指數20分，是最能看開一切的人，唯一讓他有些顧慮的就是「無聊和空虛」。通常選到這張牌的人，內心都是充滿陽光的，當大家開心的時候，他也會感到很開心。

B 數字2，看不開指數60分，最擔心沒有人「關心」他，他希望他能在朋友或家庭當中扮演核心的角色，當他被忽略時，將是他感到最憂慮的時候。

C 數字3，看不開指數80分，最害怕「失敗」，選到這張牌的人，因為實力堅強，信心十足，所以如果不能成功，那麼將是他最害怕發生的事情。

D 數字4，看不開指數40分，最害怕「運氣」不好，因為他對他的人生是有規劃的，當運氣會破壞人生規劃時，也將是他最害怕發生的事情。

E 數字5，看不開指數100分，最害怕「老」，雖然你外表看起來很堅強，但當年華老去時，他的內心總是會感到有那麼一點空虛。

23. 你平易近人的指數

以下四種熱門影集類型，哪種最能吸引你呢？

- ❑ A、帶有專業知識(如法律或醫學類)
- ❑ B、爆笑喜劇類
- ❑ C、都會言情類
- ❑ D、懸疑推理類

A 你的好相處指數是20分。你對他人和對自己的要求都很高，讓人跟你相處時心理壓力頗大，但其實你是刀子口豆腐心，有理時以理溝通最有效，不然就用軟功坦然認錯，再大的事情也會變成小事。

B 你的好相處指數是70分。你容易被仗勢欺人的傢伙壓迫，總是屈居下風。不過，雖然被利用的感受不好，當時氣歸氣，但過一會兒你就能淡忘掉，並不會影響對他人的信任感。

C 你的好相處指數是30分。粉紅色有明顯的「性」含義，代表著戀愛與性愛。你所追求的是一場熱戀，即使自己已經上了年紀，也期待能再有一場轟轟烈烈的情。

D 你的好相處指數是99分。在衝突發生時，活在自我世界的你，常會令別人為之氣結。「裝死」是你的絕招，因為看淡世事人情，所以閃躲衝突炮火，企圖轉移對方的注意力，就是你面對衝突的態度。

---

24. 你的幸運度

你是否易被幸運女神眷顧？你是否會心想事成？下面我們就來測一下你的幸運度吧！

1. 電視劇裡，一男一女面對面坐著，中間一束鮮花，你認為是：
   - ❑ A、男性送的花(2分)
   - ❑ B、女性送的花(4分)
   - ❑ C、其他人送的花(1分)
   - ❑ D、這兩人打算送別人的花(3分)

2. 你訓練你的寵物狗跳呼啦圈，可是它總也不往裡跳，你會對它說：
   - ❑ A、再不跳，我殺了你(4分)
   - ❑ B、我好喜歡你哦，狗狗(1分)
   - ❑ C、我等你，你遲早會跳的(3分)
   - ❑ D、你會跳的，對不對(2分)

3. 課間一群學生正在聊天，你認為他們聊的是：

- ❑ A、學習和考試的事(3分)
- ❑ B、在挑老師的毛病(1分)
- ❑ C、旅遊或娛樂訊息(4分)
- ❑ D、關於其他同學的事情(2分)

---

4. 一男子向在咖啡屋旁站立的女子揮手，女子嘴裡說了一句話，你認為是：

- ❑ A、算了吧(1分)
- ❑ B、你等我下班(4分)
- ❑ C、好高興(3分)
- ❑ D、這混蛋(2分)

---

5. 某著名女歌星結婚了，憑直覺你認為她嫁的是：

- ❑ A、著名影視導演或製片人(2分)
- ❑ B、同樣是演員或是歌手(3分)
- ❑ C、青年企業家(4分)
- ❑ D、體育明星(1分)

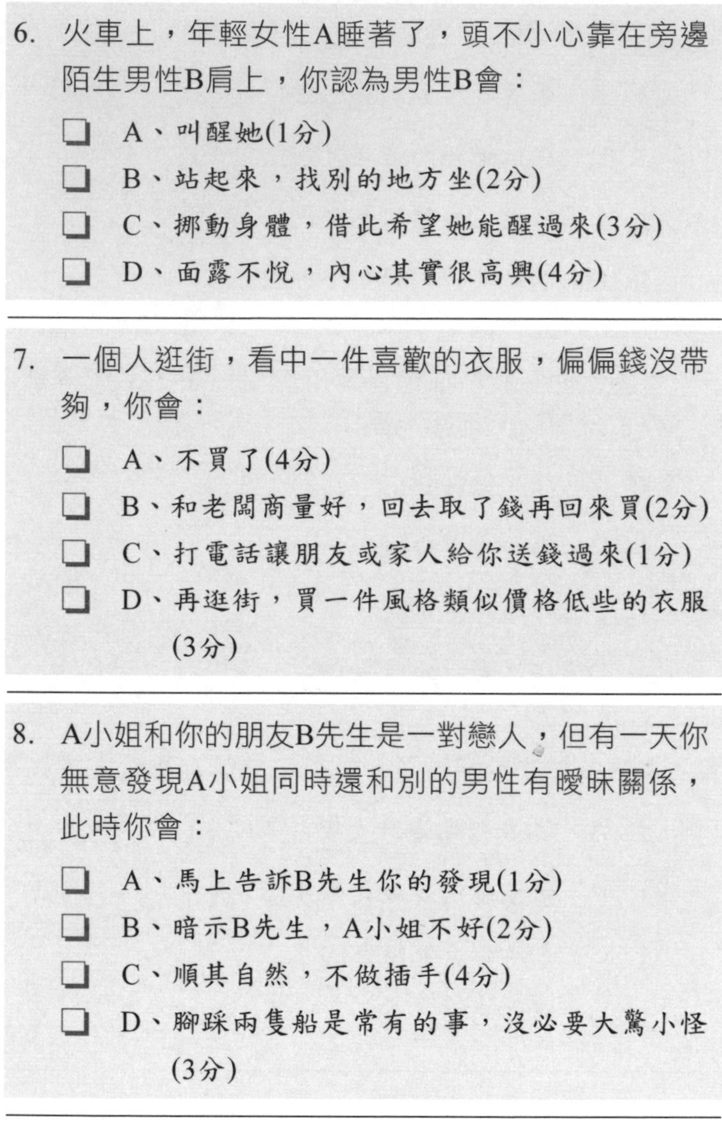

6. 火車上，年輕女性A睡著了，頭不小心靠在旁邊陌生男性B肩上，你認為男性B會：

- ❑ A、叫醒她(1分)
- ❑ B、站起來，找別的地方坐(2分)
- ❑ C、挪動身體，借此希望她能醒過來(3分)
- ❑ D、面露不悅，內心其實很高興(4分)

7. 一個人逛街，看中一件喜歡的衣服，偏偏錢沒帶夠，你會：

- ❑ A、不買了(4分)
- ❑ B、和老闆商量好，回去取了錢再回來買(2分)
- ❑ C、打電話讓朋友或家人給你送錢過來(1分)
- ❑ D、再逛街，買一件風格類似價格低些的衣服(3分)

8. A小姐和你的朋友B先生是一對戀人，但有一天你無意發現A小姐同時還和別的男性有曖昧關係，此時你會：

- ❑ A、馬上告訴B先生你的發現(1分)
- ❑ B、暗示B先生，A小姐不好(2分)
- ❑ C、順其自然，不做插手(4分)
- ❑ D、腳踩兩隻船是常有的事，沒必要大驚小怪(3分)

總分8—13

你情緒善變，非常容易感到厭倦，常常幹勁不足，和人相處中容易從自己角度考慮問題，不夠體貼得體，這些都是你常不順心，被幸運女神遺忘的原因。

總分14—19分

你渴望突破平庸的生活，甚至有些急性，但容易意志不堅定，勇氣不足，患得患失，和人相處有時保持冷漠，這也是為什麼你總是不能如願的原因。

總分20—26

你是比較幸運的一個，雖然不能立即得到自己想要的，但只要不斷努力，總會有結果。由於你樂觀生機勃勃，寬容善良的天性，你的幸運也會帶給你周圍你的人。

總分27—32分

你是非常幸運的人總是很容易得到自己想得到的，主要是因為你非常自信，精神處於穩定的狀態。而有閒暇注意他人的心理和需求。你的出現常會讓周圍氣氛活潑輕鬆起來。

25. 你的死穴在哪裡

你偷偷存了好久的私房錢，終於如願以償買到了早就想要的寵物狗。沒想到回家打開籠子以後，寵物狗不知是怕生還是怎麼的，居然一溜煙地躲了起來。你覺得牠會躲在哪裡呢？

- ❑ A、床下
- ❑ B、書桌下
- ❑ C、鏡子後面
- ❑ D、電視機後面

A 你的死穴是戀愛。你選擇床，表示你對戀愛有很多錯綜複雜的感覺。做朋友時你可以自然相處，一旦變成戀人，你就開始患得患失，變得很膽小。或許是過去有被情人背叛的經驗吧。

B 你的死穴是氣質。書桌是唸書用功的地方，選擇這裡的你對「氣質」有很深的情結。只要周圍的人開始談論時尚或藝術，而你跟不上的時候你就會覺得自己很丟臉。不過這部分是可以透過自己的努力彌補的，或許現在的你也會覺得自己在這方面努力不夠，那麼就多花點時間研究一下吧。

C 你的死穴是外貌。鏡子能映出全身的曲線和臉龐，選擇這裡的你對自己的外貌姿色很沒有信心。你覺得自己的身材和臉蛋沒有任何傲人之處，所以很多時候都無法進行積極地行動。雖然外表的問題不是那麼容易解決，但這也不是缺點，你何不注意發揮自己的特色呢？

D 你的死穴是人際關係。電視的新聞或喜劇都可以說是社會生活的縮影，選擇這個選項的你對人際關係比較在意。你不擅長與人溝通，說話時常會過分緊張，即使講了也不知道自己將意見傳達出去沒有，或是常常在衝動之下，說了不該說的話。建議你可以從身邊的人開始，努力練習說話。

26. 你夠果斷嗎？

☆ **測試題：**

1( ) 你能在舊的工作崗位上輕而易舉地適應與過去的習慣迥然不同的新規定、新方法嗎？

2( ) 你進入一個新的單位，能夠很快適應這一新的團體嗎？

3( ) 你要為家裡購買一架風扇，發現風扇造型、檔次、功效的種類極豐富，遠不是當初想像的那麼簡單。你是否走遍全市所有商店才決定要買哪種？

4( ) 若熟人為你在其他單位提供一個薪水更加優厚的職位，你會毫不猶豫答應前往嗎？

5( ) 如果做錯了事，你是否打算一口否認自己的過失，並尋找適當的藉口為自己開脫？

6( ) 平常你能否直率地說明自己拒絕某事的真實動機，而不虛構一些理由來掩飾之？

7( ) 在討論會上，經過一番切實的辯論和考慮，你能否改變自己以前對這個問題的見解？

8( ) 你履行公務或受人之託閱讀一部他人作品，作品主題正確，可是你對寫作風格很不欣賞。你是否會修改這部作品，並堅持按自己的想法對它來個大幅度修改？

9( ) 你在商店櫥窗裡看到一件十分中意的東西，它對你並非必需，你會買下來嗎？

10( ) 如果一位很有權威的人士對你提出勸告，你會改變自己的決定嗎？

11( ) 你總是預先設計好度假的節目，而不是「即興發揮」嗎？

12( ) 對自己許下的諾言，你是否一貫恪守？

13( ) 假若你瞭解到在某件事上上司與你的觀點截然相反，你還能直抒己見嗎？

14( ) 今天是校友會踏青的日子，你打扮得瀟灑俐落。但天氣似乎要變，帶雨具嘛又難免累贅拖沓，你能很輕鬆地馬上作出決定嗎？

15( ) 你花費了很多時間、精力搞出一個設計方案，按說也不錯，可是總覺得非最佳方案。你是否請求暫緩提高，再仔細斟酌一下呢？

題號	1	2	3	4	5	6	7	8	9	10	11	12	13	14	15
是得分	3	4	0	2	0	2	3	2	0	0	1	3	3	2	0
否得分	0	0	3	0	4	0	0	0	2	3	0	0	0	0	3

A型：0～12分；B型：13～24分；C型：25～36分；D型：37分以上。

A型：優柔寡斷

任何決定對你來說都是一樁難事，你總得反覆和朋友商量後才能作出一個並不爽快的決定；如果有誰替你作出所有決定，你簡直對他感激不盡了；你使人覺得難以信賴，與你共事或生活會覺得疲勞。不過你無須絕望，試著在日常瑣事上「冒險冒險」，天長日久會有所改善的。

B型：小心審慎

在需要緊急決斷的事上，你可以當機立斷。一旦作決定的時間較為充裕，各種疑慮便向你襲來。於是，你就希望依靠別人，或者和朋友商量或者去徵求師長、上級的「同意」。其實你是有決斷能力的，相信自己的頭腦和經驗吧。

C型：相當果斷

你具有足夠的邏輯判斷力及豐富的經驗，這使你能迅速作出合理的決定，偶爾出現失誤，你一經意識到就會加以補救；你不經常詢問他人意見，但從不排斥別人的建議；你一下定決心，通常會堅持到底，但不會為維護面子而堅持錯誤，你具備成功者的良好素質。如果能在一些自己不在行的方面多請教別人，會使你減少失誤造成的損失。

D型：極其果斷

你不曾體驗過猶豫的滋味。如果輔以開闊的眼界及合理的知識結構，你會是大集團強有力決策人的合適人選。

27. 你憂鬱程度為何

1. 你對任何事物都不感興趣。
2. 你容易哭泣。
3. 你覺得自己是個失敗者，一事無成。
4. 你常常生氣而且容易激動。
5. 你不想吃東西，沒有食慾，感覺不出任何味道。
6. 即使有家人和朋友幫助你，你仍然無法擺脫心中的苦惱。
7. 你感到精力不能集中。
8. 即使對親近的人你也懶得答理。
9. 你常無緣無故地感到疲乏。
10. 你覺得無法繼續你的日常學習與工作。
11. 你常因一些小事而煩惱。
12. 你感到自己的精力下降，動作緩慢。
13. 你感到被騙，中了圈套或有人想抓住你。
14. 你感到做任何事情都很困難。

15. 你感到情緒低沉、壓抑。
16. 你感到活著還不如死了好。
17. 你感到很孤獨。
18. 你感到前途沒有希望。
19. 你常感到害怕。
20. 缺乏自信，總覺得自己什麼都不好。
21. 你覺得自己的話語越來越少。
22. 在清晨和上午常覺得心情極差。
23. 沒有心思看電視、報紙、課外讀物，做什麼都高興不起來。
24. 你經常責怪自己。
25. 你感到很苦悶。
26. 你晚上睡眠不好，常常失眠或很早就醒來。
27. 這段時間你一直處於憤怒和不滿狀態。
28. 你覺得人們對你不太友好。
29. 你認為如果你死了別人會生活得好一些。
30. 你感到自己沒有什麼價值。

☆ 計分標準

回答「是」得1分，回答「否」得0分，然後計算總分。

0～4分

你心理基本正常，沒有憂鬱症狀。

5～10分

你有輕微的憂鬱症狀，可採取自我心理調節，保持樂觀開朗的心境。

11～20分

你屬於中度的憂鬱，要找醫生諮詢，並進行必要的診療。

21～30分

你精神明顯憂鬱，症狀非常嚴重，你應該請醫生給你治療，同時應進行精神上的自我訓練，讓自己及早從消極、壓抑的情緒中解脫出來。

28. 用水果顏色測測你的人格

1. 你喜歡紫色的還是青色的葡萄？
   - ❑ A、紫色→前進到3
   - ❑ B、青色→前進到2

2. 你覺得紅蘋果比青蘋果更好嗎？
   - ❑ A、是的→前進到5
   - ❑ B、不是→前進到4

3. 你對水果的喜好是根據它的顏色而定的嗎？
   - ❑ A、是的→前進到4
   - ❑ B、不是→前進到6

4. 你相信世上有紅色的香蕉嗎？
   - ❑ A、是的→前進到5
   - ❑ B、沒有→前進到6

5. 如果蘋果是黑的葡萄是藍的，那麼你覺得橘子是啥顏色的？

❑ A、綠色→前進到8

❑ B、紫色→前進到7

❑ C、其他→前進到6

---

6. 你覺得綠香蕉比黃香蕉更好吃嗎？

❑ A、是的→前進到8

❑ B、不是吧→前進到9

---

7. 如果西瓜不是綠色的你希望是什麼顏色的？

❑ A、紅色→前進到12

❑ B、褐色→前進到9

❑ C、藍色→前進到11

---

8. 蘋果紅和草莓紅，你喜歡哪種？

❑ A、蘋果紅→前進到10

❑ B、草莓紅→前進到9

❑ C、感覺沒區別→前進到12

---

9. 你喜歡哪種水果？

- ❑ A、草莓→前進到10
- ❑ B、榴蓮→前進到14
- ❑ C、石榴→前進到11

---

10. 你喜歡橘黃色的梨還是黃色的？

- ❑ A、橘黃→前進到11
- ❑ B、黃色→前進到12

---

11. 你喜歡吃榴槤嗎？

- ❑ A、喜歡→前進到14
- ❑ B、不喜歡→前進到13

---

12. 你覺得吃深色水果比淺色水果更健康嗎？

- ❑ A、是的→前進到14
- ❑ B、不是→前進到16

---

13. 如果你可以改變水果的顏色，你希望芒果是無色透明的嗎？

- ❑ A、是的→前進到15
- ❑ B、不是→前進到14

---

14. 你喜歡吃櫻桃嗎？

- ❑ A、喜歡→前進到15
- ❑ B、不喜歡→前進到16

---

15. 你相信世界上有黑色的蘋果嗎？

- ❑ A、相信→前進到17
- ❑ B、不信→前進到16

---

16. 你感覺最常見的水果顏色是什麼？

- ❑ A、紅色→前進到19
- ❑ B、綠色→前進到17
- ❑ C、黃色→前進到18

---

17. 你喜歡葡萄還是葡萄乾？

- ❑ A、葡萄→前進到20
- ❑ B、葡萄乾→前進到22

---

18. 你討厭暗顏色水果嗎？

- ❑ A、是的→前進到21
- ❑ B、不是→前進到19

---

19. 你覺得深紅的櫻桃比淺紅色的好吃嗎？

❑ A、是的→D

❑ B、不是→前進到21

---

20. 你認為綠色的水果就是不成熟的嗎？

❑ A、是的→A

❑ B、不是→C

---

21. 你認為水果有長相的區別嗎？

❑ A、有的→C

❑ B、沒有→前進到22

---

22. 如果你是水果，你覺得你會是水果之王嗎？

❑ A、會→A

❑ B、不會→B

A 表面上的你溫柔和藹，可是內心卻充實著比較的思想、你的內心不允許你向任何人低頭，你總是拼著自己的全力去和對手一比高下，即使平時不會表現出來，但在你成功時的那一瞥笑，就出賣了你內心所有的潛在慾望，不要想太多，因為會很費腦神經的，克制一下自己對成功的渴望吧！

B 你經常不相信自己的魅力，也不相信自己的思考模式，因為你總是怕犯錯誤，怕被人嘲笑，也怕自己不好意思，所以這樣的思想在你的心裡讓你矛盾，讓你不知道該如何去面對前面的困難，表面上堅強的你，其實真的覺得自己活得很累，多放鬆放鬆，給自己點空間好好想想！

C 你是那種很喜歡照鏡子的類型，你喜歡把自己的美麗展現出來，可是在大眾面前卻又毫不在乎的樣子，你渴望自己受到關注，同時你也相信自己有這種魅力，無論是外表上還是能力上，你總是默默的覺得自己是最好的，需要注意的是，不要表現得過於露骨，不然容易遭到他人的反感！

D 外表上的你文靜嗎？如果回答是YES，那麼你就大錯特錯了，其實你的內心渴望的是一種瘋狂，你經常遠遠的注視那些瘋狂的人類，卻不肯靠近，但你內心的衝動，讓你覺得耐不住平靜的生活，你渴望轟轟烈烈的生活，渴望翻天覆地的變動，不甘心一生平凡的你，瘋狂就是你一直擁有的潛在人格。

29. 遊戲角色

首先，放鬆地玩一會兒電腦遊戲……當你得到了一套被評選為最有意思、最好玩的電子遊戲軟體，你立即打開了遊戲機的開頭隨著輕鬆愉快的音樂在耳畔響起，遊戲開始了。可是，遊戲一開始就要求主角必須在遊戲中扮演從事某一職業的角色。在下面的職業裡，你最不想選擇的是什麼？

- ❑ A、戰士
- ❑ B、魔法師
- ❑ C、僧侶
- ❑ D、街頭藝人
- ❑ E、商人

A 「強大」是你願望的中心。討厭自己本來的弱小，想要在精神上、肉體上都強大無比，並希望做人上人。這是支配欲非常強烈的一種類型。

B 「自尊心」是你願望的中心。不再為別人而強裝笑臉，極力地想要生活在自己的空間裡。為了擁有自己的世界，即使孤苦伶仃也無所謂。這種處心積慮有必要嗎？

C 「博愛」是你願望的中心。雖然說孤獨也能忍受，但是在你心裡依然強烈地希望得到別人的關心與愛情。因為你富有犧牲精神，所以，想要得到別人的關心，應該首先要去關心別人。

D 「名氣」是你願望的中心。你是屬於那種沒有與別人進行交流信心的類型。如果你是為了沒有朋友而煩惱不堪，那麼放下架子、敞開心扉，問題就不難解決。

E 「現實」是你願望的中心。你在追求理想的時候，也許並不想立即就看到那種現實的世界。但是，由於你有著百折不撓的精神和永不枯竭的力量，所以，往往是毫不猶豫地向前邁進。

30. 隨意擺弄迴紋針

有一枚迴紋針，把它拉直以後，你會做成哪一種形狀？所做成的形狀，就表示你現在的心理狀態。

- ❑ A、拉直，做成一根針
- ❑ B、變成心形
- ❑ C、弄成不規則的樣子
- ❑ D、弄成圓形
- ❑ E、變成三角形

A 心裡似乎受到壓抑，想要展開心胸。

B 渴望別人的體貼溫柔，尋求溫暖。

C 心裡似乎很焦躁，有著無處發洩的不滿。

D 精神狀態大概已很疲倦了，想要放鬆一下。

E 想要打破現在的僵局，讓頭腦清醒一下。就好像喝完咖啡以後，恢復了敏銳的感覺。

31. 猴子著地

假如有一天你看到一隻猴子從樹上跌下來，雖然有點奇怪，但你認為猴子的哪部分會先著地？

- ❑ A、頭
- ❑ B、臀部
- ❑ C、腳
- ❑ D、手

A 是絕對不肯吃虧型，因為頭是身體最重要的部分。這類人不論是與朋友一起吃飯還是跟人合作做任何事情，到分帳的時候，連一塊錢也會斤斤計較，是個非常吝嗇的人。

B 對金錢反應遲鈍，只要是朋友開心，就會毫不考慮一擲千金。因為你這種性格，吝嗇與你無緣，朋友會視你為知己。

C 是比較安全的方法，因為即使受傷，傷勢也很輕微。選這個答案的人，可能是個慎重的人，雖然小氣，可是怕人講閒話，偶然也會表現自己大方的一面。

D 腦筋轉得很快，能幹而且很少吃虧，是那種與朋友一起吃飯會想盡辦法不用付帳的人，小氣程度亦相對地高一些。

32. 理智程度測試

1. 你喜歡成為一名：
   - ❑ A、設計摩天大樓的建築工程師
   - ❑ B、確定不了
   - ❑ C、著名的文科教授

2. 你喜歡閱讀：
   - ❑ A、自然科學書籍
   - ❑ B、不確定
   - ❑ C、哲理性書籍

3. 你最傾心哪種行業：
   - ❑ A、音樂
   - ❑ B、不確定
   - ❑ C、機械工作

4. 你樂意：

- ❑ A、負責指揮幾個人的工作
- ❑ B、不確定
- ❑ C、和同事合作

---

5. 你偏愛觀看：

- ❑ A、軍事、歷史題材的電影
- ❑ B、不確定
- ❑ C、富有感情、充滿幻想的言情片

---

6. 你希望自己成為一個藝術家而不是工程師：

- ❑ A、是的
- ❑ B、不確定
- ❑ C、不是的

---

7. 你最愛聽的音樂是：

- ❑ A、輕快活潑的
- ❑ B、不確定
- ❑ C、感情沉鬱富有激情的

---

8. 你時常想入非非：

- ❑ A、是的
- ❑ B、介於A、C之間
- ❑ C、不是的

---

9. 對於那些文化素養高的人，如醫生、教師等，即便他們犯了錯誤，侮辱他們也是不應該的：

- ❑ A、是的
- ❑ B、介於A、C之間
- ❑ C、不是的

---

10. 在各門功課中，你最偏愛：

- ❑ A、語文
- ❑ B、不確定
- ❑ C、物理計分標準

1、3、4、6、7題的A、B、C選項分別得0、1、2分；2、5、8、9、10題的A、B、C選項分別得2、1、0分。

14～20分

你敏感，好感情用事，通常心太軟，有點多愁善感；富有幻想，不切合實際，缺乏恆心，不喜歡粗魯豪放的人。在團體中，常常由於不太切實的想法和行動而影響團體的工作效率，最好避免做事務性的工作。

10～13分

你一般都能較為理智和客觀地處理生活中的一些事務，但偶爾仍然會有衝動、感情用事的時候，要學會控制自己的感情。

0～9分

你富有理智，注重現實，能以客觀、獨立的態度處理現實問題，但有時可能會表現得傲慢冷酷和缺乏彈性。

33. 你是否對過去無法忘懷

你和他去山上踏青，一時興起想將風景畫下來，你會怎麼畫？

- ❑ A、將雲朵畫的比山峰高
- ❑ B、將雲朵和山峰畫於相同高度
- ❑ C、將雲朵畫的比山峰低

A 你已不再被過去的戀情所束縛，將過去的感情完全拋開，不會將舊情人埋在心底和你比較，熱衷於現在的戀情。偶爾會談到以前的情人，但是會當成往事而談。

B 這表示你會喜歡上同一類型的異性，也許就是因為他和你前任戀人相似，你才會喜歡上他，但現在你已發現他的魅力，你是會採取補償行為的人。凡事不需過度擔心，應著眼於如何維繫兩人的關係，避免提及過去的感情。

C 你似乎仍對舊情人耿耿於懷，如果你不想失去現在的情人，絕不可以用這個問題責難他，要記住以時間沖淡一切，只需耐心等候。

34. 你的暴躁指數

1. 你經常發脾氣嗎？

- ❑ A、我經常發怒，甚至因為很小的事情，我有時候知道自己錯了，然而很難啟口承認
- ❑ B、我有時也發怒，可是一旦事情過去，總會覺得有點慚愧
- ❑ C、我不愛發脾氣，從沒有真的發怒過，而且每當別人有這種愚蠢的孩子氣行為時，我都會感到非常可笑

2. 你對電影中的憤怒場面怎麼看？

- ❑ A、我欣賞電影中的憤怒場面，雖然自己不會去摔東西，但看這種非真實的情景使我滿足
- ❑ B、我不喜歡電影中的憤怒場面，就像不喜歡生活中的憤怒場面一樣
- ❑ C、對此我有強烈的共鳴，事實上它有時教會我怎樣在自己的生活中表達憤怒

3. 你生氣時的表現如何？

❑ A、大叫大喊，讓人們都知道我是多麼的憤怒

❑ B、默默地走開

❑ C、努力克制，但是不管做什麼心裡都煩

4. 當你受到傷害時，你會怎樣？

❑ A、當感到自己受了傷害時，我會幾個小時都說不出話來

❑ B、當感到自己受了傷害時，我會當場反擊

❑ C、傷害使我痛苦極了，我再也不會提這件事的

5. 當對方發怒時，你會怎樣？

❑ A、憤怒的人使我害怕，我總是想辦法與他和解，或者躲開他

❑ B、別人和我翻臉時，我聽他說完，然後設法使他平靜下來，以便我們能開誠佈公地談談

❑ C、我不怕別人發怒，事實上我喜歡吵架

6. 你是否與家人或親近的朋友吵架？

❑ A、經常

❑ B、有時

❑ C、從不

7. 你是否認為人們應該相互說出真實的想法？

❑ A、是的，永遠這樣

❑ B、不，我寧願將真話藏在心底

❑ C、如果會引起麻煩，就不說真話

8. 在家裡吵架時，你摔東西嗎？

❑ A、是的，有時摔

❑ B、只是在爭吵中極度憤怒時摔

❑ C、從沒摔過

9. 你知道自己做了件會激怒家人或好朋友的事，但你認為自己沒做錯。你會怎樣？

❑ A、對此保持沉默

❑ B、告訴他們，並由著他們的憤怒

❑ C、大膽地告訴他們

10. 你的家人不斷地就一個問題責罵你，你會怎樣？

❑ A、發脾氣，然後很快平靜下來

❑ B、每次聽到嘮叨這個問題就吵

❑ C、忍耐著，但會長時間生氣

---

11. 你是否認為爭吵摧毀了友情？

❑ A、是的

❑ B、不是，理智的爭吵能增進友情

❑ C、不必要，但又不能避免

---

12. 當你在外面生了氣，你是否會將憤怒加在與你親近的人身上？

❑ A、從不

❑ B、經常

❑ C、你試圖克制，但卻無法控制

---

13. 你買了一件很貴的新鮮玩意兒，可是一星期後就壞了，你會怎樣？

❑ A、打電話給商店，溫和而理智地要求退貨

❑ B、盡一切可能要求賠償

❑ C、寄一封措辭激烈的信或打電話罵經理一頓

---

14. 因為前面一個人在售票口笨手笨腳地買票和問話，使你恰好沒趕上車，你會怎樣？

❑ A、感到憤怒，但什麼也不說

❑ B、告訴那人他擔誤了你的事

❑ C、像以往那樣聳聳肩了事

---

15. 凌晨三點鐘時，你被鄰居家吵鬧的音樂吵醒。這已經是兩周以來的第三次了。你會怎樣？

❑ A、徑直去大聲叫他們安靜下來

❑ B、清晨從門縫中禮貌地塞張便條

❑ C、非常生氣，但什麼也沒做

---

16. 你預約後在診所裡候診，但你很忙，等了20分鐘後，你會怎麼做？

❑ A、繼續等

❑ B、禮貌地解釋說你必須走了，並且重新約一個日期

❑ C、大聲抱怨著走出去

---

17. 如果售貨員對你態度粗魯，你會怎麼做？

❑ A、猜想他(她)可能今天不順心，並且忘掉這事

❑ B、覺得丟臉，但什麼也沒說，只是想以後再也不到這裡來了

---

18. 你和一個惹惱你的陌生人吵了起來，你會怎麼做？

- ❑ A、儘快從爭吵中撤退
- ❑ B、克制著不發脾氣，並且順著他
- ❑ C、告訴他你認為他有多麼壞

計分標準

題號	A	B	C
1	5	3	1
2	3	1	5
3	5	1	3
4	3	5	1
5	1	3	5
6	5	3	1
7	5	3	1
8	5	3	1
9	1	3	5
10	3	5	1
11	1	5	3
12	1	5	3
13	3	1	5
14	1	5	3
15	5	3	1
16	1	3	5
17	3	1	5
18	1	3	5

1～5題測試的是你在憤怒情境中發怒的程度。這5題的得分總和在5至25分之間。

5～10分

出於某種原因而害怕憤怒，不僅怕自己發怒，也害怕別人發怒。如果你的得分低於7分的話，不管你承不承認，你很可能屬於那種「沒脾氣」的人。

11～17分

你瞭解自己的憤怒並能適當地表達。你不是個憤怒的人，能保持理智，克制自己盡量不發脾氣。

18分以上

你發起脾氣來無所顧忌，容易使他人感到威脅和敵意。有時會感到自己的感情失去了控制。

第6～12題測試的是你在私人關係中的憤怒，第13～21題測試的是你在社會關係中的憤怒。這兩類問題的總分在16至80分之間。

60分以上

你屬於公開憤怒的一類。

40～59分

你屬於能夠控制憤怒的一類。

39分以下

你屬於壓抑憤怒的一類。

35. 安全意識

每個題三種答案，是，一般，否。

得分依次在答案後面。

1. 通常，我更願意與別人待在一起，而不是獨處。210
2. 在社交方面，我感到輕鬆。210
3. 我缺乏自信。012
4. 我感到自己已經得到了足夠多的讚揚。210
5. 我經常對世事感到不滿。102
6. 我感到人們像尊重他人一樣地尊重我。210
7. 一次窘迫的經歷會使我在很長時間內感到不安和焦慮。012
8. 我對自己各方面都感到滿意。210
9. 一般說來，我不是一個自私的人。210
10. 我傾向於透過逃避來避免一些不愉快的事情發生。012

11. 當我與別人在一起時，我也常常會有一種孤獨的感覺。0 1 2
12. 我感到生活對我來說是公平的。2 1 0
13. 當朋友批評我時，我是可以接受的。2 1 0
14. 我很容易氣餒。0 1 2
15. 我通常對絕大多數人是友好的。2 1 0
16. 我經常感到活著沒有意思。0 1 2
17. 一般說來，我是一個樂觀主義者。2 1 0
18. 我認為我是一個相當敏感的人。0 1 2
19. 一般說來，我是一個快活的人。2 1 0
20. 通常，我對自己抱有信心。2 1 0
21. 我常常感到不自然。0 1 2
22. 我對自己不是很滿意。0 1 2
23. 我經常情緒低落。0 1 2
24. 在我與每個人第一次見面時，常常覺得對方不會喜歡我。0 1 2
25. 我對自己具有足夠的信心。2 1 0
26. 通常，我認為大多數人都是可以信任的。2 1 0
27. 我認為，在這個世界上我是一個有用的人。2 1 0
28. 一般說來，我與他人相處得很融洽。2 1 0
29. 我經常為自己的未來發愁。0 1 2

30. 我感到自己是堅強有力的。2 1 0
31. 我很健談。2 1 0
32. 我有一種自己是別人負擔的感覺。0 1 2
33. 我在表達自己的感情方面存在困難。0 1 2
34. 我時常為他人的幸運而感到欣喜。2 1 0
35. 我經常感到似乎遺忘了什麼事情。0 1 2
36. 我是一個比較多疑的人。2 1 0
37. 一般說來，我認為世界是一個適於生存的好地方。2 1 0
38. 我很容易不安。0 1 2
39. 我經常反省自己。0 1 2
40. 我是在按照自己的意願生活，而不是按照其他人的意願生活。2 1 0
41. 當事情沒辦好時，我感到悲哀和傷心。0 1 2
42. 我感到自己在工作上是一個成功者。2 1 0
43. 我通常願意讓別人瞭解我究竟是怎樣的一個人。2 1 0
44. 我感到自己沒能很好地適應生活。0 1 2
45. 我經常抱著「車到山前必有路」的信念而將事情堅持做下去。2 1 0
46. 我感到生活是一個沉重的負擔。0 1 2

47. 我被自卑所困擾。0 1 2
48. 一般說來，我感覺還好。2 1 0
49. 我與異性相處得不錯。2 1 0
50. 在街上，我曾因感到人們在看我而煩惱。0 1 2
51. 我很容易受傷害。0 1 2
52. 在這個世界上，我感覺很溫暖。2 1 0
53. 我為自己的智力而憂慮。0 1 2
54. 通常，我使別人感到輕鬆。2 1 0
55. 對於未來，我隱約有一種恐懼感。0 1 2
56. 我的行為很自然。2 1 0
57. 一般說來，我是幸運的。2 1 0
58. 我有一個幸福的童年。2 1 0
59. 我有許多真正的朋友。2 1 0
60. 在大多數時候，我感到不安。0 1 2
61. 我不喜歡競爭。0 1 2
62. 我的家庭很幸福。2 1 0
63. 我時常擔心會遇到飛來橫禍。0 1 2
64. 在與人相處時，我常常感到很煩躁。0 1 2
65. 一般說來，我會很容易滿足。2 1 0
66. 我的情緒時常會從非常高興的狀態一下子變到非常悲哀的狀態。0 1 2

67. 一般說來，我受到人們的尊重。2 1 0
68. 我可以很好地與別人配合工作。2 1 0
69. 我感到自己不能控制自己的情感。0 1 2
70. 我有時感到人們在嘲笑我。0 1 2
71. 一般說來，我是一個比較自在的人。2 1 0
72. 總的說來，我感到世界對我是公平的。2 1 0
73. 我曾經因懷疑一些事情的真實性而苦惱。0 1 2
74. 我經常受到羞辱。0 1 2
75. 我經常感到自己被別人視為異類。0 1 2

50分以下

你已有嚴重的不安全感，存在較嚴重的心理障礙。

51～75分

你已有不安全感存在。

76～100分

你有一定的不安全感傾向。

101～150分

你有足夠的安全感。

36. 破雨傘看爭吵後的情緒

如果有一天，突然下起雨來，家中的傘竟然都是壞的，雨越來越大，你實在別無選擇，那會選擇哪一把？

- ❑ A、有一個大洞的傘
- ❑ B、有一個小洞的傘
- ❑ C、傘柄彎曲了的傘
- ❑ D、傘柄不彎曲但是很短的傘

A 很明顯，有個大洞的傘會讓你被淋濕。但顯然你也認為這無所謂，引申出來的潛意識資訊就是「低頭賠罪也可以」。吵架之後，你很可能是那個率先承認自己錯誤，以求雙方言歸於好的人。雖然這種顯得氣度非凡，但是小心這樣的脾氣很容易助長對方的氣焰哦！這樣的人很有歐美派頭，是很容易打交道的人。吵架的時候說不定也是法國式的濃情版本！

B 有幾個小洞的傘，嗯，就不至於把自己淋個濕透啦。你會在不傷害自己的前提下，向對方道歉。但是通常，實際情況裡，你可能會把事情冷卻很久，說起那次吵架，才說「那時我也有錯」。這樣的人其實心很軟。不太會讓對方下不了台，也不會強迫自己做很難做到的事情。吵架時說不定有點日本式的含蓄味道。不過這種「溫吞水」性子的人一旦認真吵架，估計是為了很嚴重的事情了！

C 傘柄彎曲是很獨特的。其實你是一個很倔強的人！哪怕吵架是由於你的錯誤引起，你也不會甘心承認的！說不定有意無意還會把責任推到

別人身上。長此以往，你始終不願意低頭承認錯誤，那愛上你的人要不離開，還真需要不少勇氣和氣度呢！這樣的人其實很沒有原則啦！說不定對於很多問題也是「騎牆派」，在他們(她們)的眼睛裡，生活的安穩快樂比什麼原則都重要。所謂對錯之分，不過是說說而已嘛！

D

傘柄很短，暗示著你是那種「忘性很大」的人。吵架歸吵架，吵完了就忘啦！說不定對方說了很難聽的話，你居然睡了一覺就覺得沒什麼了，可以和顏悅色地按照平常日子過下去。長此以往，對方會覺得很對不起你，說不定反而很慚愧。所以你是那種很善於吵架，並且很容易言歸於好的人！這種人好像是生活在地中海陽光中的。他們(她們)懂得生活的樂趣在於：一次爆發，永遠快樂。他們在吵架的時候也會毫不留情，因為發洩痛苦本來就不該有保留。可以說是敢愛敢恨的人。

37. 男生外形大測試

專門針對男生的形象水平測試，進入測試，來看看你到底是時髦一族還是邋遢一族呢？

1. 早上起床後先做什麼？
   - ❑ A、換衣服→到5
   - ❑ B、洗臉→到2

2. 不追求時髦，自己決定穿什麼。
   - ❑ A、是→到3
   - ❑ B、不是→到6

3. 自己喜歡的CD，不是去租，而是買來聽。
   - ❑ A、是的→到7
   - ❑ B、不是→到4

4. 絕對不乘坐小型汽車。

❑ A、是→到7

❑ B、不是→到8

5. 不管如何，新出售的洗髮精都會去試一下。

❑ A、是→到6

❑ B、不是→到2

6. 把在街頭上發的廣告放進書包裡。

❑ A、是→到11

❑ B、不是→到10

7. 有三頂以上的帽子。

❑ A、是→到6

❑ B、不是→到11

8. 如果現在你有可以自己支配使用的3萬塊錢，你會？

❑ A、旅行→到12

❑ B、存起來→到11

9. 喜歡用剃鬚刀刮鬍子，而不是用電動刮鬍刀。

❑ A、是的→到A

❑ B、不是→到B

---

10. 覺得自己做飯還可以。

❑ A、是→到9

❑ B、不是→到B

---

11. 想養熱帶魚或爬蟲類的動物做寵物。

❑ A、是→到C

❑ B、不是→到12

---

12. 房間裡收拾的很乾淨。

❑ A、是的→到C

❑ B、不是→到D

A 你的外表應該屬於及格線上了。但是如果覺得不可一世的話，會招來反感。比較瀟灑的裝扮更重要的是待人親切，才能得到女生的好感。應該在如何富有親切的表情方面上，多下工夫。

B 被追求時髦所局限的你，因為過分的注意別人對你的看法，過分的追求時髦，失去了自我真正的個性。你應該立刻擺脫來自流行雜誌的誤導，尋找真正的自我。因為不管如何，「時髦」是經常變化的。

C 你對自己的感覺與周圍對你的評價並不一致。你應該多注意來自周圍的評價，收集周圍的訊息，來完善自己。你之所以得不到女孩子的歡心，是不是因為太不注重「時髦」了呢？多少對現實做些讓步如何？

D 你應該注意一下個人衛生。雖然說男子漢不是要靠外表，但不太乾淨是誰都討厭的。經常洗澡，剪一個流行的髮型，用一些香水等。不要小看這些，試一次如何？

38. 你是什麼性格的人

請準備好計算機或者紙筆要把得分加起來。

開始：

1. 若有塊地是養老用的，房子你會蓋在哪？
   - ❑ A、靠近湖邊(8分)
   - ❑ B、靠近河邊(15分)
   - ❑ C、深山內(6分)
   - ❑ D、森林裡(10分)

---

2. 吃西餐最先動那一道？
   - ❑ A、麵包(6分)
   - ❑ B、肉類(15分)
   - ❑ C、沙拉(6分)
   - ❑ D、飲料(6分)

---

3. 如果節慶要喝點飲料，你認為如何搭配最適當呢？

- ❑ A、聖誕節/香檳(15分)
- ❑ B、新年/牛奶(6分)
- ❑ C、情人節/葡萄酒(1分)
- ❑ D、國慶日/威士忌(6分)

---

4. 你通常什麼時候洗澡？

- ❑ A、吃完晚飯後(10分)
- ❑ B、吃晚飯前(15分)
- ❑ C、看完電視後(6分)
- ❑ D、上床前(8分)
- ❑ E、早上起床才洗(3分)
- ❑ F、沒有特定時間(6分)

---

5. 如果你可以化為天空的一隅，希望自己成為什麼呢？

- ❑ A、太陽(1分)
- ❑ B、月亮(1分)
- ❑ C、星星(8分)
- ❑ D、雲(15分)

---

6. 你覺得用紅色筆寫的〔愛〕字比用綠色筆寫更能代表真愛嗎？

- ❑ A、是(1分)
- ❑ B、否(3分)

7.如果你在選擇窗簾的顏色，你會選擇？

- ❑ A、紅色(15分)
- ❑ B、藍色(6分)
- ❑ C、綠色(6分)
- ❑ D、白色(8分)
- ❑ E、黃色(1分)
- ❑ F、橙色(3分)
- ❑ G、黑色(1分)
- ❑ H、紫色(10分)

8.挑選一種你最喜愛的水果吧！

- ❑ A、葡萄(1分)
- ❑ B、水梨(6分)
- ❑ C、橘子(8分)
- ❑ D、香蕉(15分)
- ❑ E、櫻桃(3分)

- [ ] F、蘋果10分)
- [ ] G、葡萄柚(8分)
- [ ] H、哈密瓜(6分)
- [ ] I、柿子(3分)
- [ ] J、木瓜(10分)
- [ ] K、鳳梨(15分)

9.若你是動物，你希望身上搭配什麼顏色的毛？

- [ ] A、獅子/紅毛(15分)
- [ ] B、貓咪/藍毛(6分)
- [ ] C、大象/綠毛(1分)
- [ ] D、狐狸/黃毛(6分)

10.你會為名利權位，刻意討好上司或朋友嗎？

- [ ] A、會(3分)
- [ ] B、不會(1分)

11. 你認為朋友比家人更重要嗎？

- [ ] A、是(15分)
- [ ] B、否(6分)

12. 若你是隻白蝴蝶，會停在哪一種顏色的花上咧？

- ❑ A、紅色(15分)
- ❑ B、粉紅色(8分)
- ❑ C、黃色(3分)
- ❑ D、紫色(6分)

---

13. 假日無聊時，你會選擇什麼電視節目來看？

- ❑ A、綜藝節目(10分)
- ❑ B、新聞節目(15分)
- ❑ C、連續劇(6分)
- ❑ D、體育轉播(15分)
- ❑ E、電影頻道(10分)

100分以上：積極熱情

個性開放，覺得助人為快樂之本。做事乾脆俐落，有時會過度激動，但又富有強烈的同情心，令人莫名的想和他們親近。也因為他們的復原力很強，我們能輕易感覺一股夠勁的行動力，和他們在一起就像有了一股生命的源泉，不會有想放棄的念頭，因為他們總是保持著樂觀進取的態度。

積極人：勇於追求理想目標，不會放棄任何希望，也具有越挫越勇的特質和困難環境中越不易擊敗的精神。

熱情人：生活圈廣泛五彩繽紛，比較不拘小節，因此造成他們的個性坦率直來直去活潑好動的性格，也常有孩子氣的舉動。

100～90分：爭強好勝

做事慢條斯理，喜歡思考，沉澱思緒，愛好命令別人，討厭別人的反抗與被質疑的態度，不容許自己輸給別人。喜愛學習，想讓自己成為最好的。而達不到目標時，會不分青紅皂白的生悶氣。

89～79分：感性人

表達能力豐富，想像空間大，因此常胡思亂想而變得多愁善感，容易沉醉在羅曼蒂克與甜言蜜語之中，對愛情總是既期待又怕受傷，常無頭緒又莫名的對號入座。個性屬於優柔寡斷型，通常不顧現實只跟著感覺走，讓人猜不著他的想法與思考邏輯。

78～60分：理性、淡定

做事總是深思熟慮考慮再三，謹慎小心，冷靜且也當個容易妥協的人，有時候寧願自己承受輿論與壓力，也不願說出來和好友談談，因為他們總是認為自己能熬過那麼不堪苦的日子，都只是在逞強罷了。他們通常討厭被束縛，更是酷愛自由！

理性人：深思熟慮為第一原則，凡事要求公私分明，生活可能較拘謹嚴肅，對於讚美悲傷或開心等沒什麼差異性。

淡定人：與世無爭恬定主義者，內心沒什麼波瀾，就像溫馴的綿羊，只要能夠生活就好，不必計較太多，成為只羨鴛鴦不羨仙的那一類人。

59～40分：雙重、孤寂

環境的因素會讓你不知道該怎麼表現你自己，所以你可能有見人說人話的習慣，其實你人多的時候，只是有時會導致你慌亂，不過你還會因為現實的需要而委屈自己，配合他人。通常會得不到滿足而受挫，造成自閉。

雙重人：不會適時表達情感，壓抑情緒總是他們碰到阻礙和困難時的第一個反應，學習如何發洩情緒與表達自己的意見，是必須優先學習的。

孤寂人：對於現實不滿，不易與人相處，難以找到生活的目標與重心，覺得沒人瞭解自己，常引發強烈的自我防衛意識，就算與人交往，心中仍有一份揮之不去的孤單。

40分以下：現實、自我

喜歡多變刺激的事，是個很有心計的人，而且計劃周密，別人對你難以揣測，對任何事你都充滿企圖心，剛愎自用，想突顯求表現。常追求遙不可及的夢想，造成不平衡的心態，隱瞞自己也欺騙別人。

現實人：為了討好上司、朋友，讓人覺得牆頭草兩邊倒，心機重、心眼小、自私又自利，但往往能為自己打算未來，為自己創造一番天地。

自我人：常透過主觀的感受來表達意見，然而，人際關係的走樣，或許是造成壓力的來源。不自覺地自限壓抑情緒，也不願被外在所影響而嘗試改變，更不會考慮別人的感受，即便經歷了挫折仍然固執自己的理念。

39. 妳將變成什麼樣的老太婆

各位現代化的女士是不是很喜歡買東西呢？那就趁著shopping感覺還很熱的時候來做一個測試吧，看看妳的習慣會讓妳30年後變成一個什麼樣的老太婆呢。（女士專用）

1. 妳特別愛逛商場嗎？

是→前進到3

否→前進到2

2.妳經常逛一天都不會買幾件東西嗎？

是→前進到5

否→前進到4

3.妳特別鍾愛減價商品嗎？

是→前進到4

否→前進到8

4. 名牌服裝店是妳經常光顧的地方？

是→前進到7

否→前進到6

5. 妳認為便宜沒好貨嗎？

是→前進到6

否→前進到9

6. 妳喜歡在逛街之後去飯店吃東西嗎？

是→前進到8

否→前進到15

7. 朋友説妳是個很會砍價的人嗎？

是→前進到9

否→前進到8

8. 妳經常被説成「挑三揀四」嗎？

是→前進到11

否→前進到12

9. 妳鍾愛購買女性專用商品嗎？

是→前進到10

否→前進到14

10. 妳經常為自己的老公買衣服嗎？

是→前進到13

否→前進到15

11. 食物一般妳喜歡去哪裡買？

超市→前進到14

傳統市場→前進到12

12. 買米的時候，妳習慣買……

散裝→前進到13

精美包裝好的→前進到14

13. 每次進超市妳都會推車，而不是拎筐嗎？

是→前進到14

否→前進到17

14. 每次到超市買東西妳都顯得很瘋狂嗎？

是→前進到18

否→前進到17

15. 妳酷愛運動用品店嗎？

是→前進到16

否→前進到17

16. 妳喜歡買名貴的手錶嗎？

是→前進到21

否→前進到19

17. 妳特別喜歡MP3這一類型的3C產品嗎？

是→前進到20

否→前進到19

18. 妳經常去超市買不符合季節的水果嗎？

是→前進到21

否→前進到19

19. 妳買東西從來都是用現金嗎？

是→B

否→前進到22

20. 妳買非常貴的東西時都是自己決定嗎？

是→C

否→B

21. 妳經常逛街超過6個小時嗎？

是→A

否→C

22. 妳習慣自己一個人逛街？

是→D

否→B

還是一個狂熱於購物的歐巴桑。

從妳現在購物的狂熱度看，即使是30年後，妳對SHOPPING的熱情只能說有增無減，而且那個時候年歲也大了，家裡也會有越來越多的東西需要買，有時甚至還要給自己的孩子和丈夫買東西。

只說必要買的東西就得好好地去SHOPPING一下，更何況那個時候也許已經退休了，空閒的時間就更多了，為何不好好享受人生呢！

賢妻良母型的歐巴桑。

妳一直都是個溫柔的女人，隨著年齡的增長，這種溫柔的本性就會更加顯現出來。30年後的妳喜歡在家裡打理家務，幫孩子準備應該用的東西，偶爾給上班或者還在忙碌的老公打個電話問候。即使是坐在家裡打毛衣，妳還是可以在自己甜蜜的小日子中得到滿足。陽光明媚的下午，躺在陽台或者自己家的花園裡，和老公一起喝茶曬太陽，是多麼美好的事情啊。

C 愛上電視電腦的歐巴桑。

哈哈，妳一直都喜歡自由的生活，當然自己一個人在家清閒是再好不過的事情了。本來妳就熱衷於看電視和上網聊天玩遊戲，30年後的妳終於可以有足夠的時間休息，妳當然會把所有的時間堆在電腦和電視上。不過有兩點需要注意一下，第一就是眼睛也許會受不了。第二就是不要因為過於貪玩而忽略了家庭的重要，他們還是非常愛妳的！

D 瘋狂美容強化的歐巴桑。

雖然30年一晃就過去，可是妳是嚴重地不希望自己的青春一晃就這樣過去。所以30年後的妳在用盡妳所有的辦法保養自己的皮膚和面容。妳希望自己還能跟20歲時一樣年輕，不甘心有任何老去的痕跡。健身房和美容院就會成為妳經常出入的地方，不過這樣也好，因為健身是一種非常嚮往健康的表現！切記的就是，不要太過度哦。

40. 你怎樣對待金錢？

以下測試可看出你對錢的處世方式及性格：

1. 你必須寫封信，手邊正好有張大紙，你將怎麼做：
   - ❑ A、把紙撕一半寫信(2分)
   - ❑ B、以較大的間隔寫信(1分)
   - ❑ C、根本就不考慮這類問題(0分)

2. 一不小心，掉下了幾枚硬幣，滾到不易取出的地方，你將：
   - ❑ A、盡量把錢一一撿回，不怕費時費力(2分)
   - ❑ B、毫不在意，一走了之(0分)
   - ❑ C、深感惋惜，但因怕費時只尋找那些好取的(1分)

3. 同學請你吃飯，你：
   - ❑ A、按自己的口味猛點，不管能不能吃完得(0分)
   - ❑ B、吃不了兜著走(1分)
   - ❑ C、盡量多吃，不怕撐著，以免浪費(2分)

0分或1分

看來你有浪費的傾向，在花錢上表現輕率，今後應該懂得學會珍惜。

2分至4分

祝賀你，你對待金錢非常理智，會用錢又不被金錢所累。

5分或6分

你對錢有點「貪」了，你應搞清楚：錢是幹什麼用的？

41. 你的金錢慾望有多強

如果你參加一場宴會，當服務生端著果汁給你，而托盤裡的杯子有著不同份量的果汁，你會選擇哪一杯？

- ❑ A、空杯，正準備要倒入
- ❑ B、半杯
- ❑ C、七分滿
- ❑ D、全滿

A 你是一個對金錢慾望非常強的人，但是你卻常常搞不清楚你到底有多少錢，所以你是一個很會賺錢的窮人。

B 你是一個做事非常謹慎的人，所以對金錢的處理也是同樣的謹慎，因此你是一個對錢慾望不強的人。

C 你是一個凡事都會留後路的人，自制能力很強，且不會輕易進行危險的金錢交易，所以你是一個對金錢慾望強烈也善於支配的人。

D 你是一個非常貪婪的人，對於所有的東西都想盡收囊中，對金錢的貪婪極強，慾望也極強。

42. 錢為什麼老不夠用

大家都覺得什麼東西都能沒有就是不能沒有錢，因此老是覺得錢不夠用，原因到底是什麼？

問題：「你撿到一個小皮包你的直覺裡面會有什麼？」

- ❑ A、不少現金和信用卡
- ❑ B、現金和化妝品
- ❑ C、現金、手機和鑰匙
- ❑ D、裡面什麼都沒有

A 錢明明夠用的你會擔心是因為你對錢沒有安全感：這類型的人已經很會賺錢了，而且也很有頭腦很用心地在賺錢了，可是你內心深處永遠有一塊是沒有安全感的，因為擔心的事情實在太多了。

B 沒生意頭腦的你小心耳根子太軟，錢被人騙：這類型的人內心深處非常心軟，再加上很容易相信別人，耳根子很軟，因此要小心錢要守緊一點。

C 寵愛自己和家人的你超捨得花錢讓家人好好享受：這類型的人覺得賺錢的目的就是要讓自己跟家人活得更好，花錢就是享受生命，家人也一起享受這個福氣，不過往往因此賺得越多錢也花得越多。

D 對賺錢不夠積極的你再這樣下去擔心會更慘：這類型的人個性隨緣不夠積極，如果個性不改的話，不要妄想錢會從天上掉下來。

43. 你是哪種月光族

時下的年輕人口中，「月光」一詞已經不再陌生。許多人都標榜自己是「月光族」，聽起來既時尚又酷。

月光族的唯一條件：工資月月光，不剩一分，只許負債，不可盈餘。

但你知道嗎，月光族也分不同門派的，不妨做做以下測試，看看你是那種類型的月光族，月光的身份何時結束。

看一下哪個描述最適合你？

1. 總是走在時尚最前線，服飾化妝品非一線品牌不買。
2. 住家裡的房子或租的房子，幾年內沒有買房打算。
3. 每月收入只夠應付平時家裡的正常開支，從不購買奢侈品。

4. 習慣使用信用卡付帳，經常刷到透支自己都不知道。
5. 由於買房還貸，每月拿到手的錢得計劃著花才能夠用。
6. 孩子教育占家庭支出的比例最大。
7. 喜歡去酒吧等娛樂場所，一到休息日就去那裡。
8. 一部分錢用於購買基金、保險等投資上。
9. 經常為突如其來的應酬或生病而發愁。
10. 常參加一些培訓班、考證班並且切實地學到一些東西。

A 如果以上描述中1、2、4、7與你比較相符，那麼你屬於享樂派月光族。

享樂型月光族大多為剛工作不久的單身貴族和剛結婚尚未有孩子的年輕夫婦，他們的收入不低，但每月的錢卻剛剛夠花，而且錢主要都用於購置化妝品、服飾、美容、健身、旅遊、購物等不能升值的東西上。

按他們目前的理財狀況來看，短期內很難擺脫月光教主的頭銜，故建議這類月光族能建立一個理財檔案，記錄每月的收入與支出，削減不必要的享樂開支。同時提醒這類月光族慎用信用卡，刷卡雖然很瀟灑，但也很容易透支。

B 如果以上描述中3、6、9與你比較相符，那麼你屬於拮据派月光族。

拮据型月光族是社會上不容忽視的一個群體，他們一個家庭(城市)月收入在30000元以下，這些家庭多數都是三口之家，為了確保孩子的教育，面對節節攀升的教育費用，夫妻二人倍感壓力。

如果沒有一定的保障，他們的生活猶如大海上的一葉扁舟，經不起一絲的風浪。建議拮据型月光族在平時的生活中注意開源節流，精心安排每一筆費用，同時，將生活中的一些額外收入(比如過節費、加班費等)存起來以備他日不時之需，如果有能力最好能去兼職，多賺一份工資增加收入。這樣的家庭多數在孩子成家後才能擺脫月光狀況。

C 如果以上描述中5、8、10與你比較相符，那麼你屬於置業派月光族。

置業型的月光族多為收入不低，生活穩定的家庭。他們著眼未來，從長計議，對生活有周密的安排，將投資主要放在購置房屋、業餘充電等方面，用於奢侈品和享受的錢則有一定節制，所以對於他們來說，月光是暫時的。建議這類月光族能開闢第二財路，主動做一些投資，盡量提前還清按揭貸款。盡早結束月光生涯。

---

44. 金錢焦慮指數

你知道自己對金錢的焦慮程度嗎？不妨試試這個焦慮量表測試，測試一下你的金錢焦慮指數好了。

包括20個題，每個題都與關心金錢的態度有關。作答時以四種方式記分，選A記1分；選B記2分；選C記3分；選D記4分。選一個最適合自己態度的答案，寫下正確的號碼。全部作答完畢，再根據記分方式算出總分。

- ❑ A、從來不
- ❑ B、有時候
- ❑ C、常常
- ❑ D、經常(近於一向如此)

測試題：

1. 我擔心賺錢會使我自己迷失了人生方向。
2. 我擔心朋友若知道我有錢，會向我借錢。
3. 我擔心如果我賺太多錢，我會扯進複雜的稅務問題。
4. 我擔心不管我賺多少錢，永遠也不會滿足。
5. 我擔心如果我有很多錢，別人喜歡我是因為我有錢。
6. 我擔心錢會使我沉溺於我所有的惡習之中。
7. 我擔心如果我賺的錢比朋友多，他們會嫉妒我。
8. 我擔心如果我大把大把地賺錢，錢會控制我的生活。
9. 我擔心如果我有錢，別人一有機會就想欺騙我。
10. 我擔心錢會成為我追求真理的障礙。
11. 我擔心如果我有很多錢，我會一天到晚害怕失去它。
12. 我擔心錢會使我變得貪婪，並且過分的野心勃勃。
13. 我擔心管理為數不少的錢會造成我無故的負荷壓力。
14. 我擔心如果我賺了很多錢，我會失去工作的意願。
15. 我擔心如果我有很多錢，我會利用錢去佔人家便宜。

16. 我擔心擁有很多錢會使我的生活不再單純。
17. 我擔心金錢真是萬惡之源。
18. 我擔心擁有大量的金錢會使我陷入失敗的境地。
19. 我擔心我沒有能力處理巨額的錢財。

A、得分在20—24分之間

B、得分在25—30分之間

C、得分在31—37分之間

D、得分在38—57分之間

E、得分在58分以上

雖然焦慮水準低與成功有關，得分太低卻可能顯示這種人缺乏興趣或雄心。焦慮水準低但處於可控制的程度，表示具有可改變或改善生活的良性關係。如果你得分很低，很可能是因為你對現狀太過滿足，充滿信心而沒有金錢焦慮，或者你是想避免遭遇錢財問題而做必要的改變，究竟是哪一種原因，得好好問問自己。如果是第一個原因，恭喜了，金錢恐懼根本不會阻礙你的成功。

B 這種人對現有的錢財狀況頗感舒適，商業知識廣博，他們相信自己可以完全控制成功的機會，並對成功地處理金錢問題深具信心。得分落在此組的人，都能正面看待自己的目標，承擔必要的風險，邁向自己所希望的未來。

C 這種人對金錢在生活中所扮演的角色感到不確定。對他們而言，金錢會引起別人的關注，取得和持有都會令他們擔心。如果他們的焦慮會驅使自己去控制好錢財，就可能步上成功之路，如果老是想逃避錢財風險，整天因為沒有安全感而害怕，他們的焦慮就會阻礙進步。如果你得分落在此組，你可能會被焦慮所誤，但只要你願意，你還是可以做到自我掌握，邁向成功。

D 得分高的人很難去享受自己所擁有的錢財。而且，他們的焦慮會使挑戰和走向成功毫無報償，因為他們覺得成功只會帶來害怕失去(成功)的焦慮。

焦慮的人因此會把自己隱藏在一些過度保護性的行為裡，諸如強制性的儲蓄，或不信任他人。偶爾，這些焦慮程度高的人也會失去防衛，以不太恰當的方式和外界接觸，不過，萬一接觸失敗，就會加深他們的焦慮。得分落在此組的人是很難成功的。

E 這種人需要趕緊尋求解除焦慮的方法及技巧，或許還包括專業的治療。焦慮極端高會萬念俱灰，不想追求任何目標。得分落在此組的人，對周圍的人根本無法相信，不可能享受成功所帶來的任何樂趣；最重要的是，這種人根本很難成功，因為焦慮水準太高，須付出昂貴的代價。

45. 三年後你是富翁還是窮人

如果你是個胖子，正在努力減肥，而你的朋友卻請你吃大餐，你認為他的心態是什麼？

- ❑ A、只是順便叫你吃飯沒有別的意思
- ❑ B、心疼你，怕你減肥太辛苦
- ❑ C、考驗你減肥的意志力夠不夠堅強
- ❑ D、逗你開心希望你輕鬆面對減肥

A 你會默默的努力工作，三年後你會衣食無憂。你比較老實比較單純，因此會默默的努力把自己份內的事情做好，雖然不會大富大貴，但是還是會因為努力而賺很多的錢。

B 你缺乏打拼的動力，三年後的你，還是只有這麼多的錢。你比較安於現狀，會品味自己的人生。

C 你是個潛力無窮的理財高手，三年後的你會擁有很多錢。

D 你太愛享受，三年後恐怕你會淪落到跟親友借錢度日。你孩子氣十足，認為自己開心就好。

46. 正確的金錢觀

以下六種居家條件，哪種你最喜歡？

- ❑ A、適合兩人世界的溫馨小窩
- ❑ B、每個房間等面積，都很舒適
- ❑ C、坐北朝南、風水佳
- ❑ D、標準三房兩廳
- ❑ E、重視單人獨立空間的設計
- ❑ F、寬闊、無多隔間的西式房子

A 對於錢的觀念，你是「錢是要花用的，而不是要存的」，由於這種思想，對於所想要的東西，一定非買不可。也由於天生的美感豐富，重視物品的質感、質量，所買的東西，一定是好的。但由於過分的追求物質，難免會造成一點虛榮心。所以容易形成貪得無厭，甚至連借錢也在所不惜的人。所以，需要克制浪費成習之癖，做些適於自己感覺的工作，如此才能有財運。

B 個性倔強，但不失為一位可信賴的人。對於金錢極為敏銳，懂得理財，賺錢能力也很豐富。不喜歡按部就班的存錢。而是有野心，即使冒點風險，也想抓住賺大錢機會的人。喜歡用股票、獎券等來賺大筆的意外之財。相反的，也容易有損失的機會。若能留心積財，財產就像滾雪球那樣愈滾愈大。

C 你是個一心一意想賺大錢的人。正因為如此，常常容易遭受到一些損害。

D

你是個生性老實，不耀眼而且個性堅定穩重的人。由於性情穩定，知道錢財的寶貴，所以會堅持下去。絕不輕易奢侈浪費，對於嬉戲玩樂之事也缺乏興趣。不過，比那些重視錢財的人更易失去意外賺錢的機會。只想一味地節省，所以常常買一些便宜貨而招來不必要的損失。由於對於錢財的吝惜、計較，常被人視為只知守財的小氣鬼。

E

你是位很有經濟頭腦的人，金錢觀念很發達的人。因此很會存錢，表面上看來似乎不大節儉的樣子，卻會不知不覺的存上一筆錢。對於金錢的運用很有條理，也極理智。胸懷廣大，常會拿出大筆金錢，而使週遭的人大為驚奇。

F

你是個表面上看來毫無一點經濟觀念，好像悠悠哉哉如置身在夢中的浪漫主義者。沒有明確的金錢儲蓄觀念，只有在需要用錢時，才偶爾感覺到錢的重要，或多或少儲蓄一點錢。會丟掉錢包，借給別人的錢容易忘掉。是不懂得積極賺錢的人。

47. 看你這一生有沒有富貴命

股票跌跌不休，事業愛情不知明天何在，算命熱潮正反映人們內心的不安，在中西五花八門的算命方法中，你最信服的是那一種？透過選擇能預測你的一生是否能發達，快選答案吧！

- ❑ A、八字風水
- ❑ B、塔羅牌
- ❑ C、占星圖
- ❑ D、易經卜卦

A 八字風水

生活對你來說，是個嚴謹的課題，你對自我要求超高，辦事更有一套辦法，你不會人云亦云，最適合自我創業，能完全發揮你的才華和見解，是能白手起家的優秀人才，要不然就是找個能賞識你的好老闆，你就會是匹沒人敢輕視的千里馬。

B 塔羅牌

你是個感性強烈的人，藝術天分是上帝賜予你的資產，創作是你發達的通道，即使創作能力不足以餬口，你還是可以尋找和藝術相關的工作，工作起來更有成就感。諸如體力勞動，或是經商等工作，其實並不適合你，勉強去做只會使你喪失對自我的信心。

C 占星圖

你是個兼具理性和感性的人，在事業發展上，你反應快速的頭腦，會給接觸過的人深刻的印象，但是不能堅持到底的毛病，是你要特別注意的部分。任何和人際有密切關係的工作，其實都頗為適合你，如業務、記者等工作，不要半途而廢，成功將指日可待。

D 易經卜卦

你是一個性格爽朗的人，總是往前看，不會耿耿於懷在昨日的失敗上，而能持續往前衝刺，研究型的工作最適合你，因為你總是有埋頭研究，即使越挫仍能越勇的精神。

48. 你是哪種億萬富翁

成為億萬富翁是每個人心中的夢想，假使你一覺醒來變成億萬富翁，你會是哪一種億萬富翁的類型呢？

題目：當你累了一天回到家推開門，直覺中你養的那隻貓會有什麼動作反應？

- ❑ A、偷偷地躲起來
- ❑ B、舔自己的腳掌
- ❑ C、舉起腳SAY哈囉
- ❑ D、大跳霹靂舞
- ❑ E、乖乖的在睡覺

A 你是「勤儉摳人型」的億萬富翁，吃苦耐勞、凡事精打細算。

這類型的人吃苦當成吃補，他的內心深處有傳統的美德，把自己照顧好之後，開始經營，不會浪費任何一分錢。

B 你是「優質敗家型」的億萬富翁，懂得享用生活、花錢寵愛自己。

這類型的人非常的自戀，會認為自己的錢花在自己身上，對自己好才有意義，否則錢只是個數字而已。

C 你是「熱心助人型」的億萬富翁，會熱心助人。

這類型的人付出的時候，會感覺自己內心的收穫更富足。

D 你是「比爾．蓋茲型」的億萬富翁，工作享受、成為話題人物。

這類型的人認為不管是在工作上的成就，還是在心靈方面的成長，都會拿出來幫助人類做一些進步。

E 你是「假鬼假怪型」的億萬富翁，有錢就開始作怪、甚至會想上太空。

這類型的人鬼點子很多，當他有錢之後，就會想嘗試各種的點子。

49. 你是個求安穩的人嗎？

根據自己的第一印象回答，不要過多考慮。

1. 我擇業時，非常看重有無醫療保障。

完全不同意。

非常不同意。

稍有不同意。

無所謂。

稍有同意。

非常同意。

完全同意。

---

2. 我希望住在居民素質較高的地區。

完全不同意。

非常不同意。

稍有不同意。

無所謂。

稍有同意。

非常同意。

完全同意。

---

3. 我認為首先要有一個安穩的住宿，才能完全投入於事業發展。

完全不同意。

非常不同意。

稍有不同意。

無所謂。

稍有同意。

非常同意。

完全同意。

---

4. 我希望自己的工作非常穩定。

完全不同意。

非常不同意。

稍有不同意。

無所謂。

稍有同意。

非常同意。

完全同意。

---

5. 我非常在意飲用水是否達到很高的衛生標準。

完全不同意。

非常不同意。

稍有不同意。

無所謂。

稍有同意。

非常同意。

完全同意。

6.我認為家庭一定要安裝防盜門。

完全不同意。

非常不同意。

稍有不同意。

無所謂。

稍有同意。

非常同意。

完全同意。

---

7. 我希望能擁有更便利的交通工具。

完全不同意。

非常不同意。

稍有不同意。

無所謂。

稍有同意。

非常同意。

完全同意。

8.我認為人身保險很重要。

完全不同意。

非常不同意。

稍有不同意。

無所謂。

稍有同意。

非常同意。

完全同意。

---

9. 我希望平時能有比較多的休閒時間。

完全不同意。

非常不同意。

稍有不同意。

無所謂。

稍有同意。

非常同意。

完全同意。

10.家裡只有我一個人的時候，如果有陌生人敲門，我會很仔細的詢問，而不會貿然開門。

完全不同意。

非常不同意。

稍有不同意。

無所謂。

稍有同意。

非常同意。

完全同意。

完全不同意0分，非常不同意1分，稍有不同意2分，無所謂3分，稍有同意4分，非常同意5分，完全同意6分。

生存需要

5→24分為較低，25→29分為中等，30→35分為較高。

安全需要

5→19分為較低，20→25分為中等，26→35分為較高。

分數越高，表明對該需求越在意，這方面的需要的滿足越可能牽扯大量精力，成為生活的核心焦點。

以上問題測試兩種基本的需要：基本生存需要和安全需要。基本生存需要是各種用於滿足生存的需要，如飲食，睡眠，住房等方面的需要；安全需要是個體對安全，穩定，依賴的需要，希望免受恐嚇，焦躁和混亂的折磨。

50. 沒有公車了，怎麼辦

和朋友出去玩不小心忘記時間，已經趕不上最後一班公車了，回家的路又很遠，走回去是不可能的事情，這時你腦海裡所浮現出的第一個解決方案是哪種呢？

- ❑ A、雖然貴了點，還是搭計程車回家
- ❑ B、聯絡住在附近的親友，看看能不能借住一晚
- ❑ C、去住旅館，或去KTV等24小時營業場所熬到天亮
- ❑ D、請好友載你回家

A 為愛人花錢，你不會小氣，乍看你對愛人大方慷慨，但事實上卻不是如此。因為這些金錢上的投資報酬低，其實你在心中，早就用鐵算盤全部盤算過一次，認為有回收價值的，才會去花用，把錢用在刀刃上，絕不當愛情的冤大頭。因為你明白自己想墜入的是愛河，可不是無底錢坑，而且愛人的響應，也絕對會影響你的投入程度，義無反顧地追求愛情，絕對不是你的本性。

B 愛情向來不是你生命中第一位，事業(學業)家庭或是其他方面，也都讓你心甘情願投注了不少精力，或許因為心力分散到許多方面，所以陷入愛河的你，也是不會有愛得太過的情況發生。用金錢攻勢來討好對方，對你來說就如同用金錢來買愛情，你不會去做，在愛情和金錢之間，你盡力保持在平衡狀態中，愛情EQ能打上高分

C 你通常是想怎麼做，就怎麼做，不太會顧及別人怎麼想，更不管他們怎麼議論，你覺得金錢本來就是要拿花用的，用在愛人身上，更是理

所當然，沒有什麼好懷疑的，所以你會盡力滿足愛人的物質需求，看到愛人滿意的笑容，你也會覺得快樂，不過要小心那種佔了便宜就不認帳的人，千萬別賠了夫人又折兵。

D

你是個心無城府的人，凡事不會想得太多，但是這樣的舉動，在一些人眼中，就是不會替人著想的作為，你容易順著自己的心情行事，在愛情方面也是如此，本來你花錢就爽快，當你興致來時，為愛人花大錢也不惜，反正沒錢就四處討債，大不了天天吃泡麵。如果還有更大的需求，就會開口求別人，和親友借錢，不管會不會造成他人的困擾，你也要滿足愛人的胃口。

51. 為錢你能犧牲什麼

魔法師給你一個錫盒，裡裝了一個會阻礙你發財的東西，你絕不能打開它，也不可對別人提起！那你會將它藏在哪兒？

- ❑ A、書架後面
- ❑ B、壁櫥最深處
- ❑ C、埋在庭院裡
- ❑ D、化妝鏡後面

打開盒子就會失去你的財運，那盒子象徵理財危機，而藏盒子的行為，代表著守護錢財的努力，從你藏盒子的地方，可以知道你可以為錢犧牲的東西是什麼。

A 書架後面：書架象徵著知性、才能和工作，你是個可以為錢拋棄自己感興趣的工作的人，放棄喜歡的專業，在豐厚的薪水中享受收穫的樂趣。

B 壁櫥最深處：壁櫥是熟人最不容易看到的地方，是家人才知道的秘密場所，象徵家庭的牽絆，也就是表示你會為了錢可以不惜與家人分開，獨自背井離鄉去遠方探險。

C 埋在庭院裡：庭院是個開放的場所，代表著輿論。所以你可以做一個為錢而不管眾人眼光的人，你也很容易因此而失去朋友。

D 化妝鏡後面：鏡子代表你自己，為了錢你可以不管自己變成什麼樣子，甚至不擇手段。

52. 財富看漲指數

假如有一天你早上醒來發現自己被外星人抓走，你打算會怎麼做？

- ❑ A、想辦法逃走
- ❑ B、裝死
- ❑ C、求他們放自己走
- ❑ D、與外星人拚死搏鬥

A 財富行情看漲指數55%。

你為人勤奮，只要有機會就會學習一些實用的工作技能，一旦時機成熟你一定會令人刮目相看。

B 財富行情看漲指數90%。

你的IQ和EQ都非常高，懂得分享和包容，會讓大家覺得他不僅僅是事業成功，做人方面也非常沉穩。

C 行情看漲指數20%。

你專注於自己所從事的工作，希望能做得更好，只要能把自己分內事情做好，你總有一天會成功。

D 行情看漲指數50%。

你做事果敢，敢於冒險，這種性格在生意場上不是大贏就是大輸。只有學會控制風險，財富才能穩步增長。

53. 你是金錢白癡嗎

有些人很棒，是天生的理財高手，不過卻也有些人是金錢白癡！看看你是個金錢白癡嗎？

題目：如果你要演耍狠的樣子，你覺得你自己用哪一個部分可以演出最狠的樣子？

- ❑ A、眼神最狠
- ❑ B、嘴巴最狠
- ❑ C、拳頭最狠

A 選「眼神最狠」的朋友你是金錢白癡！對數字沒有什麼概念，覺得錢差不多夠用就好：這類型的人不會太主動的去爭取很多的財，爭取加薪之類，他覺得只要把分內的事情做好，領自己應該領的錢就好了，安安穩穩地過生活。

B 選「嘴巴最狠」的朋友你不是金錢白癡！你對金錢有自己看法，錢越多會讓你更自由自在：這類型的人覺得錢雖然不是非常重要，可是還是有它的必要性，他會覺得要賺錢還是要積極努力一點去賺，錢賺很多的時候會給他很大的自由，可以完成他的一些夢想。

C 選「拳頭最狠」的朋友你偶爾是金錢白癡！只要遇到跟你搏感情的人，你就自動變成白癡：這類型的人覺得賺錢非常難，而且很辛苦，會對錢非常的斤斤計較很仔細，不過只要家人朋友跟他哭窮，他就會心軟把自己的儲蓄或存款都拿出來。

大拓 讀者回函卡

謝謝您購買這本書。
為加強對讀者的服務，請您詳細填寫本卡，寄回**大拓文化**；並請務必留下您的E-mail帳號，我們會主動將最近"好康"的促銷活動告訴您，保證值回票價。

書　　名：不可思議的趣味心理遊戲
購買書店：＿＿＿＿＿市／縣＿＿＿＿＿＿＿＿書店
姓　　名：＿＿＿＿＿＿＿＿＿　生　　日：＿＿＿年＿＿月＿＿日
身分證字號：＿＿＿＿＿＿＿＿＿＿＿＿＿＿＿＿＿＿
電　　話：(私)＿＿＿＿＿(公)＿＿＿＿＿(手機)＿＿＿＿＿
地　　址：□□□□□＿＿＿＿＿＿＿＿＿＿＿＿＿＿
E - mail ：＿＿＿＿＿＿＿＿＿＿＿＿＿＿＿＿＿＿＿＿
年　　齡：□ 20歲以下　□ 21歲～30歲　□ 31歲～40歲
□ 41歲～50歲　□ 51歲以上
性　　別：□ 男　□ 女　婚姻：□ 單身　□ 已婚
職　　業：□學生　□大眾傳播　□自由業　□資訊業
□金融業　□銷售業　□服務業　□教職
□軍警　□製造業　□公職　□其他
教育程度：□國中以下（含國中）　□高中以下
□大專　□研究所以上
職 位 別：□在學中　□負責人　□高階主管　□中級主管
□一般職員□專業人員
職 務 別：□學生　□管理　□行銷　□創意　□人事、行政
□財務、法務　□生產　□工程　□其他＿＿＿＿

您從何得知本書消息？
□逛書店　□報紙廣告　□親友介紹
□出版書訊　□廣告信函　□廣播節目
□電視節目　□銷售人員推薦
□其他＿＿＿＿＿＿＿＿＿＿＿＿＿＿

您通常以何種方式購書？
□逛書店　□劃撥郵購　□電話訂購　□傳真訂購　□信用卡
□團體訂購　□網路書店　□DM　□其他＿＿＿＿＿＿

看完本書後，您喜歡本書的理由？
□內容符合期待　□文筆流暢　□具實用性　□插圖生動
□版面、字體安排適當　□內容充實
□其他＿＿＿＿＿＿＿＿＿＿＿＿＿＿

看完本書後，您不喜歡本書的理由？
□內容不符合期待　□文筆欠佳　□內容平平
□版面、圖片、字體不適合閱讀　□觀念保守
□其他＿＿＿＿＿＿＿＿＿＿＿＿＿＿

您的建議：

＿＿＿＿＿＿＿＿＿＿＿＿＿＿＿＿＿＿＿＿＿＿＿＿

＿＿＿＿＿＿＿＿＿＿＿＿＿＿＿＿＿＿＿＿＿＿＿＿

剪下後請寄回「221台北縣汐止市大同路3段194號9樓之1大拓文化收」

請用膠帶黏貼

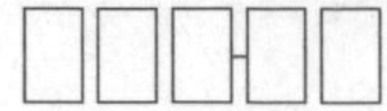

廣 告 回 信
基隆郵局登記證
基隆廣字第 057 號

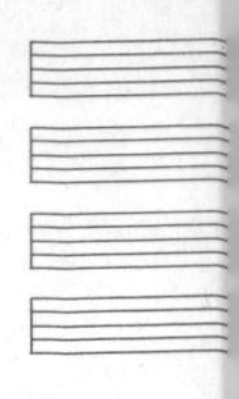

2 2 1-0 3

台北縣汐止市大同路三段 194 號 9 樓之 1

大拓文化事業有限公司

編輯部　收

請沿此虛線對折免貼郵票，以膠帶黏貼後寄回，謝謝！

為你開啟知識之殿堂